공유 플랫폼 경제로 가는 길

이민화 지음 | 편집 윤예지
2018년 1월 30일 초판 1쇄 발행
2018년 11월 28일 2쇄 발행
2020년 1월 17일 3쇄 발행

펴낸곳
KCERN
주소 서울특별시 강남구 논현로28길 25, 205호
전화 (02)577-8301 | 홈페이지 www.kcern.org
ISBN 979-11-86480-58-8 (03320)

「이 도서의 국립중앙도서관 출판예정도서목록(CIP)은 서지정보유통지원시스템 홈페이지(http://seoji.nl.go.kr)와 국가자료공동목록시스템(http://www.nl.go.kr/kolisnet)에서 이용하실 수 있습니다. (CIP제어번호: CIP2018000609)」

SHARING PLATFORM ECONOMY

세계 최초의 공유경제 모델 제시

공유플랫폼 경제로 가는 길

이민화

Since 2009
KCERN
Korea Creative Economy Research Network

프롤로그   6

제1장. 확산되는 공유경제

    Part 1   공유경제의 부상   13
    Part 2   공유경제의 현황과 의미   21
    Part 3   변화의 공통 키워드, 플랫폼   41

제2장. 공유경제의 새로운 접근

    Part 1   다양한 공유경제에 대한 이론   49
    Part 2   공유경제 큐브 모델   55
    Part 3   공유경제와 소비   62
    Part 4   공유경제와 생산   78
    Part 5   공유경제와 시장   87

제3장. 공유경제의 수단, 플랫폼

Part 1	공유경제는 플랫폼 경제	99
Part 2	플랫폼 현상의 본질	102
Part 3	공유경제 패러독스와 플랫폼	111
Part 4	혁신과 공유플랫폼	115
Part 5	공유플랫폼 기업 사례	136

제4장. 플랫폼 생태계 전략

Part 1	플랫폼의 구조	155
Part 2	플랫폼 생태계 경쟁	168
Part 3	거대 플랫폼 기업의 전략적 행보	178
Part 4	미래 플랫폼 생태계 경쟁	186
Part 5	플랫폼 생태계 조성 전략	203

제5장. 미래사회는 공유 플랫폼 경제로

Part 1	공유경제가 사회에 미치는 영향	213
Part 2	공유경제와 선순환 구조	219
Part 3	공유경제 로드맵	232
Part 4	블록체인과 공유경제의 진화	257

뒷이야기. 공유경제 대담   265

이민화 KCERN 이사장 | 이병태 카이스트 교수 | 박창기 블록체인 OS 대표 |
정지훈 경희사이버대학 교수 | 이정훈 경기연구원 연구기획본부장

⋯ 프롤로그

경쟁의 궁극적인 형태는 협력이다. 인간과 장내 유산균은 협력에 의한 공생구조로 진화했다. 인간 체세포와 미토콘드리아 역시 협력을 선택했다. 이제는 기업이 경쟁을 위하여 반드시 협력해야 하는 시대가 되었다. 앱스토어와 같은 플랫폼 경제구조는 공생의 진화를 선택한 공유경제다. 공유경제는 플랫폼 기술로 비용대비 효과가 급증하여 미래로 가는 새로운 인류의 길을 열게 되었다.

원래 플랫폼은 공유를 통한 효율 향상을 목적으로 존재한다. 기차 플랫폼이 기차 노선마다 회사마다 다르다면 자원의 낭비가 얼마나 심할 것인가! 공항을 항공사와 노선마다 달리 짓는 것이 상상이 되는가? 고속도로를 혼자 독점한다면 얼마나 비능률이 초래될 것인가. 효율은 공통으로 사용할 플랫폼을 건설함으로써 촉진된다. 그리고 인터넷의 발달은 오프라인 플랫폼 개념을 온라인으로 이동시켰다. 포털이 그러하고 검색 사이트가 그렇다. 온라인은 거리의 한계를 뛰어넘기 때문에 오프라인보다 더욱 대규모가 될 수밖에 없다는 것을 우리는 현실에서 확인하고 있다. 검색과 포털은 초대형 플랫폼 두 개 정도만 실질적으로 살아남는다. 온라인에 이어 스마트폰이 촉발시킨 스마트 혁명은 인간의 모든 생활을 초연결 구조로 진화시키고 있다. 이런 현상은 '호모 모빌리언스'라는 신인류 진화로 설명할 수 있다. 인류 진화 역사는 또 한 번의 새로운 단계를 맞고 있다. 오늘날 인류는 호모에렉투스, 호모사피엔스, 호모루덴스, 호모디지쿠스에 이어 호모 모빌리언스로 진화하고 있다.

 모바일 네트워크는 스마트혁명을 맞아 진화의 속도를 가속화한다. 더욱 똑똑해진 스마트폰과 같은 모바일 기기는 인류를 사이보그로 변신시키고, 모바일 네트워크로 더욱 강력해진 소셜 네트워크는 인간을 슈퍼맨과 같은 초인류로 진화시켰다. 소셜 네트워크 집단 지성이 미래 집단 생명으로 진화한 호모 모빌리언스들의 힘의 원천이 된다. 스마트폰이 인간의 아바타가 되어 초연결 구조로 진화하면서 인간의 모든 활동이 상호 연결되는 시대가 다가온 것이다. 스마트 초연결 사회는 필연적으로 새로운 형태의 플랫폼을 등장시키게 된다.

 오프라인 세계의 기차역에서 온라인의 포털을 거쳐, 인간의 모든 활동을 연결하는 다양한 플랫폼들이 등장하고 있다. 앱스토어는 대표 플랫폼으로서 수많은 개발자와 소비자를 즉시 연결해 준다. 개별적인 시장 개척 활동의 비효율을 제거하게 된 것이다. 시장 진입 비용의 획기적인 축소는 창조적 혁신을 더욱 촉발시킨다. 이제는 미완성 상태로 시장 반응을 볼 수 있다. 과거 오프라인의 시장 조사는 스마트폰 기반의 실시간 저비용 시장 조사 플랫폼으로 진화하고 있다. 시공간이 융합하는 호모 모빌리언스의 세계는 소비자와 생산자도 융합한다. 소위 프로슈머^{Prosumer}의 시대가 개막되고 있다. 혁신과정은 생산과 소비가 초협력 구조로 진화하면서 소셜 혁신$^{Social\ innovation}$이 등장한다. 혁신이 집단지능화되는 것이다. 위키^{Wiki}, 쿼키^{Quirky} 등이 대표적이다.

이제는 개인 집(Airbnb), 차량(Zipcar), 여행, 책, 취미, 심지어는 질병(Patientlikeme)도 공유한다. 호모 모빌리언스의 스마트 세상은 다양한 플랫폼 기반의 공유경제이고, 결국 초협력 구조가 될 수밖에 없다. 공유는 협력이다. 협력을 위해서는 나의 필살기가 있어야 한다. 내 꼴이 안 되면 끈은 사라진다. 학교의 예를 들어 보자. 학생들이 모든 과목에 걸쳐 평균 80점인 학교와 학생들마다 필살기를 가져 한 과목은 만점에 도달한 학교를 비교해 보자. 단독 경쟁 구도에서는 전자가 유리하나, 협력 구도에서는 후자가 유리하다. 협력하는 괴짜들이 공유경제의 인재상이다. 초협력이라는 주제가 다시금 이목을 끄는 이유이다. 초연결이 초협력을 거쳐 생명의 자기조직화로 가는 길을 공유경제가 인도하고 있다. 4차 산업혁명이 플랫폼을 통하여 공유경제로 진화하는 과정을 본 서를 통해 알아보도록 하자.

이 책은 주강진 책임 연구원 등 KCERN[Korea Creative Economy Research Network] 연구원들의 각고의 노력으로 작성된 공유경제 보고서를 바탕으로 탄생되었다. 그리고 윤예지 연구원의 예쁜 손길로 단장하여 세상에 선보이게 되었음을 보고 드린다.

2018년 봄의 시작에서

이민화

SHARING PLATFORM ECONOMY

제1장

확산되는 공유경제

PART 1 | 공유경제의 부상
PART 2 | 공유경제의 현황과 의미
PART 3 | 변화의 공통 키워드, 플랫폼

Part 1

공유경제의 부상

공유경제는 우버^{Uber}, 에어비앤비^{Airbnb}의 등장으로 가시화되었지만, 역사적으로 본다면 과거부터 있었고 전혀 새로운 개념이 아니다. 우리나라의 경우 삼한 시대에는 공동 노동을 위한 마을 성년 남자들 간의 공동체인 '두레'가 존재했다. 두레가 농업에서 활용되는 공유경제라면, 상인들도 '부보상'[1]이라는 또 다른 형태의 공유경제 활동을 했다. 부보상은 고대부터 있었으나 조선 시대에 전국적인 조직을 갖추고 발달했다. 유럽에서도 중세시대 상인들은 자신들의 기술이나 돈을 보호하기 위하여 부보상과 유사한 '길드^{Guild}'를 만들었다.

산업경제로 재편되는 과정에서도 공유경제는 협동조합이라는 이름으로 출현했다. 1차 산업혁명이 촉발한 산업사회에서 효율성을 극대화한다는 것은 노동자들의 업무 생산성을 높이는 것이었다. 따라서 노동자들은 이러한 자본주의에 대응하기

---

[1] 통상적으로 보부상으로 불리고 있으나, 정확한 명칭은 부보상으로 본 보고서에서는 부보상으로 통칭하도록 한다.

위하여 다양한 조직을 만들었는데, 그 중 현대적 의미의 협동조합이라고 할 수 있는 것은 1844년에 영국의 로치데일에서 만들어진 협동조합이다. 로치데일 협동조합은 믿을 수 있는 상품을 적정한 가격에 구매하는 공동구매에서 시작해서, 장기적으로 생산과 소비를 공유 및 통합하는 것을 목표로 했다. '협력적 소비$^{Collaborative\ Consumption}$'는 공유경제의 많은 부분을 차지하는데, 'Collaborative'라는 어휘는 1940년대부터 종종 사용되다가 1960년대로 넘어오면서 그 사용빈도가 급격히 증가한다. 그리고 여러 학자들의 노력으로 2000년대 이후에 더욱 활성화되었다.

  국내에서는 IMF에 구제 금융을 신청했던 1997년 경제위기 이후에 아나바다 운동과 카풀 등 다양한 공유경제의 활동이 증가했다. 그러나 이는 어려운 경제사정으로 소비를 줄이기 위한 일시적인 사회의 흐름이었다고 볼 수 있다.

  그렇다면 4차 산업혁명 시대의 공유경제는 이러한 과거의 공유경제와 어떤 차이가 있는지 알아보도록 하자.

초연결사회와 공유경제

과거 공유경제의 목표는 크게 두 가지였다. 생산 측면에서 집단의 힘으로 부족한 노동력을 확보하거나, 소비 측면에서 공동구매를 통하여 비용을 절감하는 것 등이다. 그러나 최근 주목받는 공유경제는 과거와 유사하면서도 다른 양상을 보이고 있다. 그 차이의 중심에는 IT와 통신 기술의 발전으로 다가온 초연결사회라는 개념이 자리 잡고 있다.

초연결Hyper Connectivity이라는 개념은 캐나다 사회과학자인 아나벨 퀴안-하세Anabel Quan-Hasse와 베리 웰먼Barry Wellman이 인간들의 소통방법이 다양해졌음을 언급하면서 처음으로 제시되었다.[2]

---
2) 차두원·진영헌(2013), "초연결시대, 공유경제와 사물인터넷의 미래", 한스미디어

1990년대에 인터넷이 상용화 되면서 인터넷 사용자 수도 급격히 증가하여 2017년에는 사용자가 37억 명을 넘었다.[3] 인터넷 연결성이 자유로워지면서, 세계화는 가속화되었고 지구촌이라는 말이 전혀 어색하지 않게 됐다. 그들은 네트워크로 연결된 조직과 사회에서 이메일, 메신저, 휴대폰 등 다양한 방법을 통해 인간과 인간의 상호 소통이 다차원적으로 확장되는 현상을 설명한 것이다.

여기에 사물인터넷$^{Internet\ of\ Things}$의 등장으로 초연결의 범위가 사람과 인터넷을 넘어 모든 사물들로 확대되면서 '초연결사회$^{Hyper-Connected\ Society}$'라는 개념이 등장했다.

시스코^{Cisco}는 기존의 사물인터넷^{IoT}의 개념에서 진화한 만물인터넷$^{Internet\ of\ Everything\ \cdot\ IoE}$ 개념을 제시하면서, 이제 장소와 시간의 제약이 없이 모든 것이 연결될 것이라 전망하고, 사물과 사람 그리고 업무 및 생산과 공정 프로세스까지도 연결 및 공유되는 새로운 시대가 다가오고 있다고 예측했다.[4] 이처럼 모든 것이 연결되면서, 인류를 제약하던 시공간이 연결을 통하여 제거되는 사회가 바로 초연결사회이다.

그렇다면 이런 초연결사회와 공유경제는 무슨 관계가 있을까? ICT 기술이 발전하면 연결 속도가 빨라지고, 연결비용은 낮아진다. 통신망 접속에 관련한 통계를 제시해주는 DrPeer-

---

3) Internet Live Stats
4) 시스코는 전 세계에 약 1조 5,000개의 사물이 존재하며 그 중에서 100억 개의 사물들이 연결되어 있다고 추정하고 있다.

ing International에 따르면, 1Mps 당 연결비용은 1998년 1,200달러에서 2010년에 5달러로 떨어졌다. 또한, 시스코는 2013년에서 2018년 사이에 모바일 인터넷의 연결속도는 약 2배가량 증가할 것이라 예측했다.

 모든 기계들이 개별적인 운영체제를 갖고 네트워크를 통하여 상호간에 연결되는 상황에서 온라인 시장은 급격하게 성장하고, 기존의 오프라인 중심의 다양한 가치관들은 위협받고 있다. 오프라인 세계는 물질의 세계(자원의 희소성)로, 편집과 복제가 불가능하다. 따라서 소유 중심의 사회가 될 수밖에 없다. 자원의 효율성을 위해 한계효용이 체감하며, 전체 성과의 대부분(80)이 몇 가지 소수의 요소(20)에 의존한다는 80:20의 파레토 법칙[5]이 지배하게 된다.

 그러나 온라인 세계는 다르다. 정보가 중심이 되는 세상으로, 편집과 복제가 자유롭다. 따라서 소유가 아닌 공유 중심의 사회가 된다. 한계 효용이 체증하며 자원의 제약을 벗어난 롱테일^{Longtail} [6] 법칙이 지배한다. 제레미 리프킨은 이러한 변화에 주목하여 한계비용$^{Marginal\ Cost}$ 제로화[7]까지도 주장한다. 특히, 그는 편집과 복제를 통하여 소비자들이 무한대의 재화와 서비스를 제공받을 수 있게 되면서, 소유하려는 태도는 종언을 맞이할 것

---

5) 전체 결과의 80%가 전체 원인의 20%에서 일어나는 현상
6) 역파레토 법칙으로, 파레토 법칙을 그래프로 나타냈을 때 꼬리처럼 긴 부분을 형성하는 80%를 말한다.
7) 소비자가 동일한 효용을 얻기 위하여 지불하는 비용, 제레미 레프킨이 말한 '한계비용 제로'는 과거에 비하여 급격하게 비용이 감소한다는 점을 경제학 관점에서 분석한 것으로서는 의미가 있다. 그러나 현실적으로 온라인 세계에서도 비용이 발생하며, 온·오프라인이 공존하는 영역이 커져가고 있다는 점에서는 설득력이 부족하여 많은 비판을 받고 있다.

이라 지적한다. 또한, 미래사회는 공유경제라는 새로운 경제시스템이 중심이 될 것이라고 주장한다.

공유경제는 효율과 소유 중심의 '자원 경제 시스템'을 연결과 공유 중심의 '관계 경제 시스템'으로 빠르게 변화시키고 있다. 사람들의 생활양식은 '소유해야 누릴 수 있는' 것에서 '누릴 때만 소유하는' 것으로 변화하고 있다. 소유에 대한 근본적인 인식이 바뀌고 있다.

롱테일 현상으로 인한 소비 선택의 폭은 넓어지고 개인별 맞춤형·협력적 소비가 출현하면서, 주요 사업 모델도 자원과 자본 중심에서 공유플랫폼으로 진화하고 있다. 경제가치의 생산 주체는 기업에서 일반 시민으로 확장되었고, 거래 판단의 기준이 정부의 제도에서 소셜^{Social} 평판과 신뢰로 전환되고 있다. 지점이 많은 은행보다 지점이 없는 은행이 유리하다. S&P 500대 기업 가치에서 자원의 비중은 이제 20% 미만이고, 미국 시가 총액 10대 기업에서 자원 중심 기업은 40% 미만이다. 여러 관점에서 자원의 희귀성에 기반을 둔 산업경제 패러다임이 무너지고 있다.

공유는 어찌 보면 수학의 인수분해와 같다. 공통부분을 공유하여 효율을 얻는다. 문제는 연결비용인데, 연결도 쉬워지면서 사람들은 보다 쉽게 많은 것들을 공유할 수 있게 되었다. 자동차를 소유하는 대신 우버와 리프트^{Lyft}를 사용한다. 조직에 가입해 구인활동을 하는 대신, Task Rabbit을 활용하여 즉시 사람을 구할 수 있게 되었다. 음식, 여행, 교육 등 다양한 분야에서 필요한 지식, 시간, 사람, 비용까지도 공유경제를 활용할 수 있게 되었다. 즉, 연결비용의 격감은 공유비용의 격감으로 이어지고, 연결과 공유를 통한 가치가 소유를 통한 가치를 넘어서게 된 것이다.

2017년 국내 온·오프라인 시장 규모는 연 1,000조인 반면에 온라인 비중은 단 6%에 불과하다.[8] 연결이 쉬워지면서 일상생활의 많은 부분이 공유되지만, 아직도 대부분 거래는 오프라인을 기반으로 하고 있다. 그러나 상황은 급변하고 있다. 현실(오프라인)과 가상(온라인)이 융합하는 O2O 플랫폼의 등장 때문이다. 초연결사회의 도래로 연결비용이 급감하고 온라인과 오프라인 사이에 O2O 융합경제가 확장되면서 공유경제가 현실 세상으로 급속도로 확장되고 있다. 공유경제는 5% 경제 규모의 온라인 영역에서 60%가 넘는 거대 O2O 융합경제 영역으로 확대될 것으로 전망된다. 실제로 많은 기업들은 과거처럼 제품만을 판매하지 않고, 판매한 제품의 데이터 공유를 기반으로 제품과 서비스의 결합$^{Product\ Service\ System\ \cdot\ PSS}$을 시도하고 있다. 기업과 고객은 단대단$^{End\ 2\ End\ \cdot\ E2E}$으로 연결된다.

세계 1~2위를 다투는 중장비 업체인 캐터필라^{Caterpillar}와 코마츠^{Komatsu}는 중장비 기계를 판매한다. 그리고 동시에 기계에 부착된 센서를 통해 실시간으로 장비의 상태를 점검한다. 이러한

---

8) 서울경제, "'1,000조 오프라인 결제시장, 성장동력으로' 온라인 강자 KG이니시스의 역발상" (2017.02.26.)

서비스를 통하여 소비자는 효율성을 얻으며 공급자는 새로운 수익을 창출하고 있다. 산업인터넷을 표방한 제너럴 일렉트릭GE 또한 가스터빈과 엔진 등에 센서를 부착하여 고객들이 효율적으로 장비를 활용할 수 있도록 관리해 주고 있다.

미래 사회에서는 이들 기업처럼 정보의 공유를 기반으로 현실세계를 최적화하는 O2O 융합 시장이 빠르게 성장할 것이며, 시장 규모는 한국에서만 1,000조 원 이상이 형성될 것으로 전망된다.

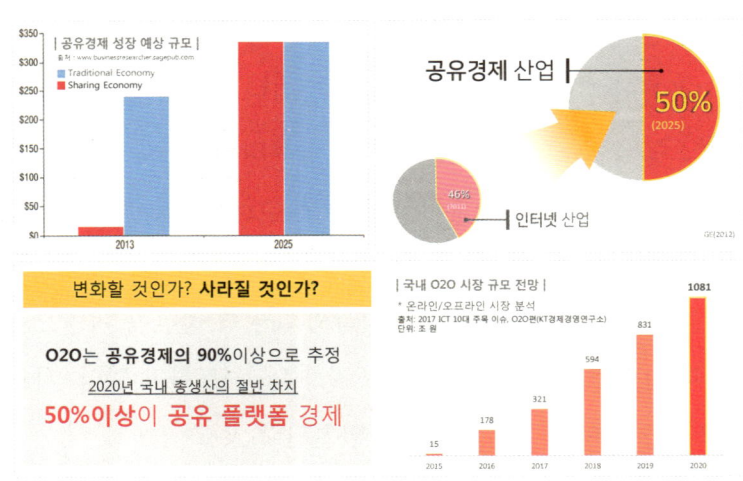

글로벌 공유경제의 성장 추이

Part 2

공유경제의 현황과 의미

공유경제는 현재 전 세계에서 가장 주목받는 패러다임이다. 1990년 중반의 인터넷 붐 때보다도 더 많은 투자가 진행되고 있다. 당시 인터넷 붐이 온라인에 기반 했다면, 공유경제는 온·오프라인이 융합해, 우리 생활의 모든 부분과 밀접하게 관련되어 있다. 공유경제는 시장 규모에서 온라인 경제와 비교할 수 없을 만큼 거대한 실물경제와 연관되기 때문에 그 여파가 더욱 주목된다.

공유경제 전문기업 크라우드 컴퍼니즈$^{Crowd\ Companies}$ 창업자인 제레미아 오양$^{Jeremiah\ Owyang}$과 500 스타트업 창업자인 데이브 맥클루어$^{Dave\ McClure}$는 2015년 기업 가치가 1억불 이상인 스타트업 켄타우로스^{Centaurs}, 10억 달러 이상인 유니콘^{Unicorn}, 100억 달러 이상인 페가수스^{Pegasus} 기업을 조사해서 발표했다. 그 결과 2015년 기준, 전체 10조 이상의 기업은 18개이며 이들 전체 기업 가치의 합산은 1,280억 달러에 이르렀다.[9]

공유경제 붐이 일었던 당시에 관련 기업들은 총 250억 달러의 투자를 유치했다.[10] 그 중에서도, 투자 자본의 절반이상인 130억 달러가 투자된 곳은 우버Uber와 같은 차량Transportation 분야이며, 그 다음으로 에어비앤비Airbnb로 대표되는 숙박 및 장소Space 공유, 핀테크FinTech로 불리는 금융Money 등 이었다. 특히 차량공유 분야는 우버, 리프트, 디디콰이디 등과 같은 서비스를 받는 쪽과 카풀이나 차를 빌려주는 것과 같은 차량공유 서비스로 나뉘어져 있다. 한편 개인 간 대출을 중개하는 렌딩클럽LendingClub과 크라우드펀딩Crowdfunding을 제공하는 킥스타터Kickstarter로 촉발된 금융 분야 공유서비스는 통계를 내기 힘들 정도로 가파른 성장세를 보였다.

프라이스워터하우스쿠퍼스PwC·PricewaterhouseCoopers는 공유경제의 5개 주요 분야를 P2P 대출Peer-to-Peer Lending과 크라우드펀딩Crowdfunding, 온라인 직원 채용Online Staffing, P2P 숙박서비스Peer-to-Peer Accommodation, 그리고 음악 및 영상 스트리밍 서비스Music and Video Streaming로 보고 있다. 이들의 공유경제시장 규모가 2013년 150억 달러에서 2025년 3,350억 달러로 대폭 상승할 것으로 예측하기도 했다.[11] 재미있는 것은 초기 공유시장이 형성되었을 당시에는 우버의 등장으로 차량 공유가 독보적으로 시장 점유율 및 성

---

9) Jeremiah Owyang, "The Real Mythical Creatures of the Collaborative Economy: Centaurs, Unicorns, and Pegasus" (2015.10.15.)
10) Jeremiah Owyang, "Ten Reasons Why Investors Love Shared Transportation" (2015.09.28.)
11) Brand Channel, Mark J. Miller, "PwC: Americans Subscribe to the Sharing Economy" (2015.04.21.)

장률, 투자 규모에서 크게 앞섰으나, 이후에는 새롭게 등장하는 공유경제 기업들이 급성장세를 보이고 있다는 점이다. 공유 대상도 교육, 에너지, 공간 등으로 빠르게 확대되고 있고, 투자 규모도 커지고 있다(PwC, 2015). 우버, 집카^{Zipcar} 등 공간을 공유하는 개념을 넘어, 시간과 인간을 공유하는 공유경제 기업들도 대거 부상하는 추세다.

기존 기업을 넘어서고 있는 공유기업들

차량공유 분야의 우버는 차 한대 없이 세계에서 가장 큰 교통서비스 제공회사로 성장하였고, 스타트업 가운데에서 유래 없는 성장을 보여주었다. 또한, 일상생활에서 무엇이든 필요할 때 불러 쓰는 온디맨드$^{On-Demand}$ 서비스 분야를 선도하고 있다.

잘 알려진 대로 우버는 공유경제의 대표적인 사례로서 창업 6년 만에 기업 가치 70조원을 기록했다.[12] 이는 100년 이상의 전통을 자랑하는 미국 대표 자동차 제조사인 제너럴모터스^{GM}와 포드^{Ford}의 시가총액을 훌쩍 넘은 수치다. 기존의 소유경제를 뛰어넘는 공유경제의 위력을 실감 시켜주는 대목이다. 현재 기업가치가 4,000억 달러(약 450조원)[13]를 넘는 페이스북^{Facebook}이 기업공개 전 500억 달러의 가치를 갖기까지 7년이 걸렸지만, 우버는 단 5년밖에 걸리지 않았다. 이는 공유경제의 빠른

---
12) Forbes, "At $68 Billion Valuation, Uber Will Be Bigger Than GM, Ford, And Honda" (2015.12.04.)
13) Market Realist, Naomi Gray, "What's Facebook's Valuation?" (2017.05.30.)

성장세를 증명한다.

　에어비앤비도 마찬가지이다. 에어비앤비는 기존의 다른 온라인 여행 사이트들과는 비교할 수 없을 정도로 기하급수적으로 기업 가치가 상승했다. 특히, 2015년도에는 전년 대비 113%의 매출 증가율과 140% 이상의 기업가치 성장을 보이며 메리어트^{Marriott}, 익스피디아^{Expedia}, 스타우드^{Starwood}, 홈어웨이^{HomeAway}를 압도적으로 능가했다.[14)] 공유경제는 스타트업 역사상 유래 없는 빠른 속도와 높은 가치로 투자자들을 끌어들이고 있다. 이러한 흐름은 스타트업들에는 기회이나, 이러한 변화를 수용하지 못하는 기업들은 와해의 대상이 될 것이다.

　그렇다면 앞으로는 어떤 기업들이 등장할까? 공유경제가 확산되면서 고급 옷 공유, 명품가방 공유^{BagBorrowOrSteal}, 보석 공유^{Rocks}, 음식솜씨가 좋은 주방장 공유^{Feastly}, 애견을 돌봐주면서 공유하는 도그베캐이^{DogVacay} 등이 등장했고, 장소 공유에서도 주차장^{ParkmyHouse}이나 사무실 및 회의장 등에서도 세분된 공유 서비스가 등장하고 있다.

　크라우드 컴퍼니즈$^{Crowd\ Companies}$는 460개 이상의 공유경제 스타트업을 리뷰하고 그 중 280개의 기업을 선정하여 금융, 공간, 교통, 서비스, 음식 등 16개의 분야로 분류한 후 세부적으로 구분해 회사들을 정리한 'Collaborative Economy Honeycomb'의 세 번째 버전을 공개했다.[15)] 공간의 경우, 숙박과

---

14) Jeremiah Owyang, "Honeycomb 3.0: The Collaborative Economy Market Expansion" (2016.03.10.)

사무 공간 공유로 구분하고 금융은 암호화폐, 크라우드펀딩, P2P 대출로 구분했다. 물건의 경우 중고품 거래, 렌탈 서비스 및 주문제작으로 구분한다. 교통의 경우, 전문 라이딩^{Riding} 서비스와 차량공유 서비스 등으로 나뉘며 다양한 분야의 공유경제 사업모델을 제시하고 있다.

한계비용 제로인 공유경제 비즈니스 모델

우버는 차를 한 대도 직접 생산하지 않지만 운전자와 탑승자를 연결하는 최고의 교통서비스를 제공하고, 숙박공유의 에어비앤비는 보유하고 있는 호텔 하나 없이 최고의 숙박서비스 기업으로 발전했다. 이것은 무엇을 의미할까?

공유경제 모델의 핵심은 유휴 경제 요소를 공유하는 것이라는 점이다. 유휴자원 공유에 대한 수요와 공급을 연결하여 새로운 경제적 가치를 창출한다. 이로써 한계비용 제로[16]를 실현하는 것에 의의를 둔다.

기존 호텔 사업자가 객실의 숫자를 늘리기 위해서는 건물을 매입하고 인테리어 등을 위한 투자가 필요하다. 이에 반해 숙박 공유경제 모델인 에어비앤비는 수많은 집의 유휴자원을 네

---

15) Crowd Companies, Jeremiah Owyang, "The NEW Honeycomb 3.0: More industries impacted by the Collaborative Economy" (2016.3.10.)
16) J. Rifkin(2014)은 '한계비용 제로사회(Zero Marginal Cost Society)'에서 사물인터넷(Internet of Things)을 통한 초연결사회로의 진입과 3D 프린터 등의 기술발달로 소프트웨어나 디지털 콘텐츠의 무한복제에서나 가능했던 한계비용 제로의 현상이 하드웨어와 오프라인 서비스에서도 일어난다고 언급했다.

트워크로 연결함으로써 비용을 거의 들이지 않고 사업을 확장할 수 있다. 즉, 한계비용이 거의 들지 않는 것이다. 물론 서비스 개발, 플랫폼 확보와 같은 초기 비용은 들지만, 그 이후에는 기존 숙소들을 네트워크로 연결만 하면 된다. 유휴자원을 네트워크로 연결함으로써 새로운 경제적 가치를 만드는 것이다.

공유경제 플랫폼 사업은 한계비용을 제로화하여 효율성을 높일 뿐만 아니라, 플랫폼의 네트워크 효과로 그 가치도 급속히 증가한다.[17] 공유플랫폼의 가치는 규모와 참여자 간의 끈끈함에 따라 결정된다. 초기 플랫폼의 규모를 키우는 과정에서 오랜 시간과 비용이 발생하지만, 플랫폼의 네트워크 효과는 후발 기업에게 진입장벽으로 작용한다.

차량 공유 | 우버 사례

우버는 2009년에 '우버캡^{UberCab}'이라는 이름으로 트래비스 칼라닉$^{Travis\ Kalanick}$과 개릿 캠프$^{Garrett\ Camp}$에 의해 창립되었다. 트래비스 칼라닉은 2008년 겨울 파리에서 열리는 최대 규모의 '르 웹 컨퍼런스$^{LeWeb\ Conference}$'에 참석하려는데 택시를 잡을 수 없었다고 한다. 당시 겪은 불편함과 어려움이 우버를 탄생시킨 계기다. '우버^{Uber}'는 본래 독일어 'über'에서 유래되어 '최고^{Topmost}' 혹은 '그 이상^{Above}'이라는 의미를 가지며, 고객들에게 최상의 서비스를 제공한다는 목표로 2010년 6월 샌프

---

[17] 플랫폼의 가치는 리드의 법칙, 메트칼프의 법칙, 사노프의 법칙(Sarnoff's law)을 따른다.

란시스코에서 공식적으로 출범했다. 이후, 2012년 대표적 차량 서비스 'UberX'를 출시하고 프리미엄 고객층을 위한 리무진 서비스 'UberBlack'을 도입했다. 또한, 우버는 2013년 헬리콥터 운송 서비스 'UberChopper', 2014년 소포 배달 서비스 'UberRUSH', 2015년 점심 배달 서비스 'UberFRESH' 등을 선보이며 다양한 분야로 서비스를 확장시키고 있다.

우버는 차를 타려는 사람^{Rider}과 태워주려는 사람^{Driver}을 연결한다. 카카오택시 등의 콜택시 서비스와의 차별점은 택시 업체에서 요구하는 특정 면허 없이 일반인이 운전하는 차량과 탑승객을 연결한다는 점이다. ICT 기반의 플랫폼을 통해 최적의 운전자를 연결하므로 유휴자원의 효용성을 극대화한다는 장점이 있다. 또한, 앱으로 언제 어디서든 쉽고 빠르게 차를 불러 이동할 수 있다는 편의성 측면에서 온디맨드 서비스를 선도하고 있다. 우버는 개개인이 보유한 유휴자원을 필요로 하는 객체들과 연결·공유하여 수요자^{Rider}와 공급자^{Driver} 모두에게 시간 및 비용적으로나 가치적으로나 윈윈전략$^{Win-Win\ Strategy}$을 이루도록 하는 경제 모델이다.

우버는 이런 장점을 바탕으로 2009년 창립 당시 20만 달러, 그 이듬해인 2010년에 130만 달러, 2011년에 4,800만 달러, 2013년에 2억 5,800만 달러, 2014년에 12억 달러라는 놀라운 투자 유치 액수를 달성했다. 기업가치 또한 기하급수적으로 성장했다.[18] 우버는 현재 전 세계 83여 개국 674여 개의 도시에서 서비스를 제공하고 있다.[19] 우버 운전자는 150만 명 이상이고 우버 사용자는 4천만 명을 넘어섰다.[20]

차량공유 서비스 회사는 우버 외에도 리프트[Lyft], 비아[Via], 겟[Gett] 등이 있다. 이들은 기존 옐로우 택시[Yellow Taxi]가 점령한 시장에 침투하고 있는데 그 중에서도 우버가 단연 가장 높은 시장 점유율 성장을 보이고 있다.

차량 공유 | 우버 경쟁기업들

우버가 전 세계로 빠르게 확장되고 있지만, 주요 국가의 지역 사업자들도 빠르게 등장하고 있다. 미국 내에서는 우버와 같은 모델 사업자인 리프트[Lyft]가 시장에서 2위를 달리는 가장 큰 경쟁자이다. 또한, 2010년 창립된 겟[Gett]이 주노[JUNO]라는 스타트업을 2억 달러에 인수해 우버와 리프트에 도전장을 내밀었다. 미국 외의 나라에서는 중국과 인도에서 차량공유 시장이 크게 상승하고 있다. 인도에서는 올라캡스[Ola Cabs]가 1,000여개 도시에서 차량공유 서비스를 제공하고 있다. 올라캡스는 소프트뱅크 등의 투자 유치로 50억 달러의 기업가치를 인정받게 되었다. 중국의 디디추싱[Didi Chuxing]은 디디다처와 콰이디다처[Kuaidi taxi]가 2015년 합병하여 설립된 것으로 우버와 같은 비즈니스 모델이다. 택시가 부족한 중국에서 합법적으로 문제를 해결하며

---

18) Prismetric, "Uber: Transportation Network Company with Amazing Growth Trajectory" (2015.06.23.)
19) Uber Estimate(2017), "Uber Cities", https://uberestimator.com/cities
20) Fortune, Kia Kokalitcheva, "Uber Now Has 40 Million Monthly Riders Worldwide" (2016.10.20.)

성장했다. 중국의 대표적인 IT기업인 알리바바와 텐센트의 투자를 받아 2016년 우버 중국을 합병해, 90%가 넘는 시장 점유율을 달성했다. 현재 15억 중국 인구를 바탕으로 미래 가치를 평가 받고 있으며, 이러한 잠재력을 바탕으로 미국의 리프트, 인도의 올라캡스, 동남아의 그랩택시 등과 공동 서비스로 확대하고 있다. 그 결과 아직 적자이긴 하지만, 기업가치가 5년 만에 500억 달러를 돌파하고 있다.

▶ 리프트(Lyft)

차량공유 서비스의 대표주자로 우버를 가장 먼저 떠올리지만 사실 우버보다 리프트가 먼저 공유경제 모델로 서비스를 시작했다. 2007년 공동 창업자인 로건 그린(Logan Green)과 존 짐머(John Zimmer)가 페이스북을 이용한 합승 서비스 '짐라이드(Zimride)'를 선보였다. 짐라이드가 100개 이상의 대학 캠퍼스에서 수십만 사용자를 보유하면서 2012년 현재와 같은 차량공유 서비스 '리프트(Lyft)'를 출시했다. 고급 리무진 차량을 이용해 서비스를 시작한 우버는 로고에서부터 어두운 계열의 색상으로 고급스러움을 부각시킨 반면에 리프트는 저렴한 택시를 표방하여 친근한 이미지를 부각시켰다.

사용자들이 차량공유 서비스를 꺼리는 가장 큰 원인은 안전에 대한 불안감이다. 그런데 리프트는 까다로운 기사 선발 조건을 제시했다. 또 철저한 검증시스템을 도입하여 운전기사의 사진과 이용자 평가점수 등을 공개했다. 리프트의 상징인 분홍색 콧수염(Pink Moustache)은 친근함을 연상케 하며 초기 마케팅에서 큰 역할을 했다. 리프트는 2015년 알리바바 주도로 총 2억 5,000만 달러의 자금조달에 성공해 20억 달러의 기업가치를 달성하였고 2017년 약 5억 달러의 펀딩을 받아 75억 달러의 기업 가치[21]를 넘어서 차량공유분야 부동의 2위로서 우버와 경쟁 중이다.

---

21) Johana Bhuiyan, "Lyft is valued at $7.5 billion after raising a $500 million round" (2017.04.06.)

▶ 겟(Gett)

2010년 창립된 차량공유 서비스 업체로 같은 분야의 신생기업인 주노(Juno)를 인수해 우버, 리프트 등과의 경쟁에 뛰어들었다. 겟은 뉴욕에서 시작하여 현재 미국, 영국, 이스라엘, 러시아의 4개국에서 뉴욕, 런던, 모스크바 등 전 세계 60여 개 도시에서 운영 중이다. 겟은 높은 B2B 시장 점유율을 보유하고 전 세계 4,000여 개의 기업과 차량공유서비스 파트너십을 맺고 있으며 2016년에는 독일 폭스바겐으로부터 3억 달러(약 3,500억 원)를 투자받았다.

▶ 디디콰이디(滴滴快的, Didi Kuaidi)

정식 명칭은 디디콰이디(滴滴快的)이지만, 통상 디디추싱으로 불리며 중국판 우버로도 유명하다. 디디콰이디는 텐센트의 투자를 받은 디디다처(滴滴打車)와 알리바바의 투자를 받은 콰이디다처(快的打車)가 2015년 2월에 합병하여 탄생했다. 당시 중국 내 택시 앱으로 업계 1, 2위를 다투는 업체들이 합병하여 기업 가치는 약 165억 달러(약 20조원), 탑승객 수는 14억 이상, 중국 내 시장점유율은 80%를 기록했다.[22]

2015년 12월, 미국의 리프트, 인도의 올라, 말레이시아의 그랩택시 등 타 국가의 주요 차량 공유 앱에 투자하며 '반(反) 우버 연합(Anti-Uber Alliance)'에 동참했다. 이후 2016년 애플, 알리바바 등으로부터 총 73억 달러의 자금을 조달받고 같은 해 7월 우버차이나를 인수했다.

차량공유서비스의 합법성에 대한 논란으로 우버가 중국 시장에 진출하는데 많은 어려움을 겪은 반면에 디디콰이디는 중국정부의 자국 기업보호 정책에 힘입어 중국의 거대시장을 선점할 수 있었다. 2017년 현재, 디디콰이디의 기업 가치는 500억 달러 이상이며 중국 내 차량공유시장 점유율은 약 90%에 육박한다. 또 중국 400여개 도시에서 4억 명 이상이 사용하고 있다.[23]

---

22) The Verge, Andrew J. Hawkins, "It took Uber five years to get to a billion rides, and its Chinese rival just did it in one" (2016.01.11)
23) DMR, "By the Numbers: 16 Amazing Didi Chuxing Stats and Facts (2017.07.)

공간 공유 | 에어비앤비 사례

에어비앤비는 대표적인 숙박 분야의 공유경제 기업으로, 독특한 회사 창립 일화로도 유명하다. 에어비앤비의 현 CEO 브라이언 체스키(Brian Chesky)와 현 CPO 조 게비아(Joe Gebbia)는 로드 아일랜드 디자인 스쿨에서 만난 친구 사이다. 이 둘은 2007년 샌프란시스코에 있는 조의 아파트에서 사업을 논의하다가, 국제 디자인 컨퍼런스 참가자들이 방을 쉽게 구하지 못하고 있다는 소식을 전해 들었다. 행사로 인해 시내에 있는 모든 호텔의 예약이 꽉 차 있었기 때문이다.

마침 조의 아파트는 여러 사람이 함께 지내기에 충분히 넓었다. 그들은 용돈벌이 목적으로 방을 구하지 못한 컨퍼런스 참석자들에게 일정 금액을 받고 숙박, 와이파이, 책상, 아침 식사를 제공했다. 이를 계기로 두 사람은 숙박공유라는 아이디어를 공유하게 됐다. 간이 침대인 에어베드(AirBed)와 간단한 아침식사(Breakfast)를 제공한다는 명목으로 '에어베드 앤 블랙퍼스트(AirBed and Breakfast)'라는 웹사이트를 만들었고 추후에 기술을 담당할 현 CSO 네이선 블레차르지크(Nathan Blecharczyk)와 함께 2008년 8월 에어비앤비를 공동 창립했다.

2012년 에어비앤비의 기업가치는 25억 달러였다. 그러나 4년도 안 되는 기간동안 10배 이상인 255억 달러(약 28조원)로 성장했다. 2015년 전 세계 스타트업 중에서 우버, 샤오미에 이어 세 번째로 가치가 높은 유니콘 기업으로 성장했다.[24] 2017

년에는 10억 달러(약 1.1조원) 이상의 투자 유치를 받았고 기업 가치는 31억 달러(약 3.5조원)을 기록했다.[25] 이로써, 에어비앤비는 방 하나 없이 세계 최대의 호텔체인 힐튼의 기업 가치를 훌쩍 뛰어넘는 숙박 서비스 기업이 되었다.[26]

힐튼은 93년에 걸쳐 88개 나라에 774,000개의 객실을 확보했다. 반면에, 에어비앤비는 설립 8년 만에 전 세계 191개 이상의 국가에서 300만개 이상의 숙소를 확보하였으며, 총 이용객 수가 1억 6,000만 명 이상에 이른다.[27] 에어비앤비는 전 세계 최대 호텔체인인 3대 호텔^{Marriott, Hilton, Intercontinental}의 전체 객실 수 총합보다 더 많은 객실을 확보했고, 한국에는 2014년에 진출해서 가파른 성장세를 보인다. 2016년 외국인 관광객 총 1,724만 명 중 51만 명이 에어비앤비를 이용했고 내국인을 포함해 총 101만 명이 이용했다. 2015년 39만 명 보다 160% 증가했다.[28]

---

24) Fortune, Andrew Nusca, Airbnb raises $1.5B, valuing it at an eye-popping $25.5B (2015.06.27.)
25) CNBC, Lauren Thomas, "Airbnb just closed a $1B round and became profitable in 2016" (2017)
26) Vanty Fair, Maya Kosoff, "Why Airbnb Is Now Almost Twice as Valuable as Hilton" (2017.03.10.)
27) https://www.airbnb.com/about/about-us
28) 서울경제, "지난해 에어비앤비 통해 한국 찾은 외국인 51만명…경제효과 5,300억" (2017.06.05.)

공간 공유 | 에어비앤비 경쟁기업들

차량 공유 서비스처럼, 숙박 공유 서비스에서도 전 세계적으로 다양한 서비스들이 등장하고 있다. 먼저 민박 분야를 살펴보자. 원파인스테이(OneFineStay)는 유럽과 미국에서 고급 민박 위주의 서비스를, 카사버사(CasaVersa)는 여행하고 싶은 지역의 집을 서로 교환해서 빌려주는 서비스를, 키드앤코(Kid&Coe)는 아이가 있는 가족을 대상으로 한 민박 중개 서비스를 제공하고 있다. 호텔 분야에는, 익스클루시브 리조트(Exclusive Resorts)가 회원제 별장 공유 서비스를, 데이유즈(Dayuse.com)가 호텔 대실 서비스를 제공하고 있다. 한국에서는 한국형 숙박 공유플랫폼인 코자자(Kozaza)가 한옥 스테이 서비스를 제공하고 있고 야놀자와 여기어때 등이 있다.

▶ 익스클루시브 리조트(Exclusive Resorts)

익스클루시브 리조트는 회원제 별장 공유 서비스를 제공한다. 별장은 일반적으로 경치가 좋은 곳에 위치해 있어서 구입을 위한 투자비 못지않게 많은 운영비가 들어간다. 그런데 별장의 특성상 실제 주인이 사용하는 비율은 매우 낮다.

미국의 경우, 고급 별장을 소유한 사람들의 별장 이용률은 연 평균 17일이라고 한다. 유휴자원이 낭비되는 상황인 것이다. 별장 공유는 소유주 입장에서 자주 사용하지 않는 별장을 대여해줌으로써 운영비를 충당할 수 있어 좋고, 별장 대여자는 별장을 따로 구입할 필요 없이 필요한 시기에 빌려 이용할 수 있어 좋다. 공유 사업의 매력도 측면에서 보면 고급별장이야말로 비싸면서 가끔 쓰는 대상이기 때문에 훌륭한 사업 대상이다. 익스클루시브 리조트는 AOL 창업자인 스티브 케이스가 투자한 회사로도 잘 알려져 있다. 별장 공유모델은 한국에서도 적용 가능한데 유사한 접근으로 골프장에 있는 고급 골프텔들도 공유대상으로 시도해봄직 하다.

▶ 데이유즈

데이유즈(Dayuse.com)는 2010년 파리에서 데이비드 리비(David Lebée)와 티보(Thibaud D'Agrèves)가 공동 창립한 프랑스 호텔 예약 플랫폼이다. 데이유즈는 메리어트(Marriott), 힐튼(Hilton), 프랑스 호텔 그룹 아코르(Accor) 등과 대실 서비스 계약을 체결해 호텔 객실 정상가의 35%에서 최대 75%까지 할인된 가격에 대실할 수 있도록 고객과 호텔을 연결해주고 있다. 여행객은 저렴하게 원하는 때에 호텔 객실을 이용할 수 있고, 호텔은 비어 있는 객실을 이용해서 매출을 올릴 수 있기 때문에 윈윈(Win-Win)의 구조를 이룬다.

데이유즈는 주로 파리와 뉴욕에서 손님이 적은 오전 8시에서 오후 4시 사이에 호텔 객실을 대여한다. 객실 서비스를 포함해 스파, 수영장 등 각종 호텔 시설 등을 제공해 '데이케이션(Daycation)'을 활성화했다. 단시간 머무를 곳이 필요한 여행객들에게 높은 인기를 얻어 예약 건수가 40만 이상에 달하며 2016년 전 세계 14개국 내 2,000여 곳의 호텔들에서 서비스를 제공하고 있다.[29]

금융 공유 | 크라우드펀딩

금융 분야의 공유경제에 가장 잘 부합하는 자금조달 방식은 크라우드펀딩이다. 크라우드펀딩이란 불특정 일반 대중(Crowd)으로부터 소액의 자금을 십시일반으로 모아 개인 및 창업 초기의 스타트업에 조달하는 것을 의미한다. 개인으로는 제도권 금융에 접근이 어려운 예술가, 사회운동가 등이 포함된다. 하나금융경영연구소(2015)는 2013년에서 2025년까지 크라우드펀딩이 63%의 성장률을 보이며 향후 공유경제의 중심이 될 것으로 전망했다.

---

29) https://www.dayuse.com/pages/dayuse/company

기술 발달과 공유경제의 부상으로 가장 빠르게 와해되거나 변화하는 분야가 금융 분야인데, 크라우드펀딩은 기존과는 완전히 다른 새로운 금융의 틀을 만들고 있기 때문이다. 최근 금융 분야에 핀테크^{FinTech}로 소개되는 많은 서비스들 중에는 크라우드펀딩에 관련된 모델이 많다. 킥스타터^{Kickstarter}, 인디고고^{Indiegogo}, 키바^{Kiva}, 렌딩클럽$^{Lending\ Club}$ 등이 대표적인 크라우드펀딩 플랫폼이다. 크라우드펀딩 플랫폼은 자금 조달 수요자(개인과 기업)가 대중 투자자들의 소액 투자 참여를 통해 상호 이해관계가 이루어질 수 있도록 연결해주는 기존의 은행, 벤처캐피털, 증권시장과 같은 역할을 대신하고 있다.

크라우드펀딩의 종류

비수익형	기부형	보상을 전제로 하지 않는 형태의 기부방식
	보상형	참신한 아이디어를 구현시키기 위한 프로젝트에 자금을 투자받고, 후원에 따른 보상품을 제공하는 방식
수익형	대출형	개인 또는 개인사업자에 대한 소액대출 형태로, 만기에 원금과 이자를 상환하는 방식
	지분투자형	투자자가 스타트업이나 새로운 프로젝트에 투자하고 주식이나 수익 증권을 가지는 방식

자료: http://busanstartup.kr/sub/crowd/crowd.jsp

과거에는 자금 조달이 필요한 경우 지인에게 빌리거나 금융기관에서 대출을 받아야 했지만, 이제는 크라우드펀딩을 통해서 돈을 구할 수 있다. 크라우드펀딩에는 기부형, 보상형, 대출형, 지분 투자형과 같은 모델이 있다.

▶ 킥스타터(Kickstarter)

킥스타터는 2009년 미국에서 페리 첸(Perry Chen), 얀시 스트리클러(Yancy Strickler), 찰스 애들러(Charles Adler)가 창립한 세계 최대의 크라우드펀딩 플랫폼이다. 킥스타터의 크라우드펀딩 원리는 자금이 없는 창작가가 작품을 소개하여 불특정 다수로부터 후원을 받을 수 있도록 연결해주는 것이다. 즉, 아이디어 기반의 프로젝트나 사업을 시작하는데 자금이 부족한 개인 혹은 기업들이 상품·서비스 아이디어와 모금 목표액을 킥스타터 웹사이트에 올려놓으면 킥스타터 회원들의 판단 하에 프로젝트에 후원 혹은 투자를 하는 것이다.

수동적인 소비자 역할을 한 일반인들이 킥스타터를 통해 크라우드펀딩에 직접 참여하게 됐다. 그들은 원하는 제품과 가치의 생산을 선택하고 후원하는 적극적인 소비자로 변화하고 있다. 크라우드펀딩에 대한 인식이 확대되고 참여자도 증가하고 있는 현재 킥스타터는 가장 대표적인 크라우드펀딩 플랫폼으로 자리 잡았다. 혁신적인 기술과 아이디어 기반의 스타트업에게 초기 사업 추진을 위한 자금 조달 창구로써 2017년까지 누적 모금액은 약 32억 달러, 약 13만개의 프로젝트가 모금에 성공했다.[30]

▶ 소파이(SoFi)

소파이는 스탠포드 경영 대학원 동문인 마이크 캐그니(Mike Cagney), 댄 매클린(Dan Macklin), 제임스 피니건(James Finnigan), 이안 브래디(Ian Brady)가 2011년에 공동 창립해 학자금 대출 서비스를 시작했다. 소파이는 기존의 복잡한 대출 절차를 대폭 줄이고 온라인으로 간편하게 학자금 대출이 이루어지도록 했다. 대출 상태와 신원을 증명하는 제출서류를 스마트폰으로 간단히 찍어서 보내는 등 각종 절차를 간소화하자, 채무 불이행에 대한 우려도 일었다. 그러나 놀랍게도 소파이 창립 후 4년 동안 대출을 갚지 않은 학생이 단 한 명도 없었다. 소파이가 대학교 동문 커뮤니티라는 독특한 학자금 대출 구조를 활용하여 대출 상환에 대한 책임감을 심어주었기 때문이다.

---

30) Kickstarter(2017), "Stats", https://www.kickstarter.com/help/stats

소파이는 설립 초기에 크라우드펀딩 방식으로 학자금 서비스를 제공했다. 대학교 동문 졸업생 투자자들로부터 자금을 모아 학자금 대출이 필요한 차입자에게 조달하고, 타 대출 업체로부터 대출한 기존 학자금을 대환한 이후에 원리금을 상환하며, 이를 투자 배당금으로 다시 투자자들에게 전달한다. 소파이는 대출금리를 자체 신용평가로 산정하는 등 차별화 전략을 통해 2015년 80억 달러 이상 누적 대출 중개액을 달성했다. 또한, 12만 명 이상의 커뮤니티 구성원을 보유하며 학자금 대출을 비롯해 자산관리, 멘토링 등 다양한 서비스를 제공하는 기업으로 성장하고 있다(로아컨설팅, 2016).

▶ 비트코인과 블록체인

금융 분야에서 공유경제의 씨앗이자 기존 금융 시스템을 위협하는 '대안화폐' 중 대표적인 것이 비트코인(Bitcoin)이다. 비트코인은 지폐나 동전과 달리 물리적인 형태가 없는 온라인 가상화폐(디지털 통화)다. 미국발 금융위기가 한창이던 2008년 나카모토 사토시라는 이름으로 위장한 정체불명의 컴퓨터 프로그래머가 창안했다.

비트 코인은 화폐에 대한 판도를 완전히 뒤엎는다. 기존의 화폐에서는 신뢰를 부여하는 역할을 중앙은행이 했다면, 가상화폐에서는 네트워크 참여자가 그 역할을 대신한다. 인터넷을 통한 개인간 직접 거래(P2P·Peer-to-Peer)를 기반으로 하기 때문이다. 돈의 민주화가 이뤄지는 것이다.

비트코인과 같은 암호화폐(Cryptocurrency)는 블록체인(Block Chain)이라는 신뢰의 기술에 기반하고 있다. 비트코인 도입 전에는 중앙 처리와 신뢰를 담당하는 PayPal, Visa, MasterCard와 같은 중간 매체(Intermediary) 혹은 제3자(Third Party)가 필요했다. 그러나 비트코인은 수학적 증거(Cryptographic Proof)를 통하여 거래에 신뢰를 부여하는 지불 시스템이다. 비트코인을 통한 모든 거래 내역은 블록(Block)에 기록되고, 각각의 블록들이 사슬처럼 연결되어 체인(Chain)을 형성한다. 이 과정에서 각각의 노드들이 블록체인(Block Chain)을 형성하고. 네트워크 참여자들에게 거래 내역이 공유되면서 투명성이 신뢰를 보장한다. 비트코인은 개인 간의 직접결제를 도와 거래비용의 제로화를 촉진한다.

지식 및 아이디어 공유 | 이노센티브 Innocentive

이노센티브는 2001년 기존의 R&D 모형에 불만을 품은 엘피어스 빙엄 Alpheus Bingham 에 의해 시작되었다. 기존에는 소수의 지식인들이 모여 난제를 해결해 왔다. 그런데 엘피어스는 과연 적합한 인재에게 적절한 문제를 할당했는지 효율성 측면에서 의문을 품었던 것이다. 그는 성공할 때까지 실패를 반복하는 기존의 해법에 자금을 투입하는 대신, 효과적인 해법을 발견하는 사람에게 상금을 부여하는 방식으로 생각을 전환했다. 이것이 확장되어 다양한 분야에서 종사하는 개개인들이 여러 산업 분야에서 해결해야 할 난제를 풀어나가는 아이디어 크라우드소싱 Crowdsourcing 플랫폼으로 성장했다. 기업들은 집단지성 Collective Intelligence 을 통해 더욱 효율적으로 난제를 풀 수 있게 됐다. 이노센티브에는 200여개 국가로부터 온 2천개 이상의 난제 Challenge 가 5천만 달러 이상의 상금과 함께 등재되어 있다. 38만 명 이상의 문제 해결자 Solver 들이 6만 개 이상의 해결방안 Solution 을 제출했다.[31]

공유경제는 물건을 소유해서 쓰는 대신 서로 나눠 쓰고 빌려 쓰는 경제 활동이다. 앞서 사례에서 소개한 바와 같이 점차 공유 대상이 차량, 숙박, 금융, 교육, 에너지, 경험 및 시간 등과 같이 전 분야로 확대되고 있다. 공유경제에서 가장 중요하게 보아야 할 점은 경제의 중심이 기업에서 상호 연결된 사람들로

---

31) Innocentive(2017), "Key Stats", https://www.innocentive.com/about-us/

옮겨진다는 점이다. 경제가치의 생산과 소비, 유통에서 있어서 네트워크로 연결된 사람들이 중심이 되고 있다. 개인은 이제 단순 소비자가 아니다. 경제 생산자를 거쳐 앞으로는 더욱 강력한 힘을 갖는 소비자로 재탄생할 것이다. 공유경제는 결국, 너 그리고 나, 우리가 중심인 민주적인 경제이다.

공유경제의 의미

제레미 리프킨은 2000년 '소유의 종말$^{The\ Age\ of\ Access}$'에서 소유의 시대는 가고 접속의 시대가 올 것이라 예견하였으며, 그 예견이 차츰 현실화되고 있다. 공유경제는 유휴자원을 공유하고, 이를 통하여 효율을 높이며 새로운 가치를 창출하는데 의의가 있다. 한 예로, 자동차의 실제 이용 시간은 5%[32]라고 하는데, 이는 경제적인 관점에서 자원을 매우 비효율적으로 사용하는 것이다. 자동차, 빈 방 등 한 도시의 가정이 보유하고도 사용하지 않는 유휴자원의 감가상각으로 잃는 경제적 가치를 모두 합산한다면 그 가치는 또 얼마나 될까?

공유경제는 각자 보유한 유휴자원을 빌려주고 빌리는 것으로 시작되었고, 재화, 자본, 공간을 포함해 일상생활에 필요한 대부분으로 확장되어 경제가치 생산과 소비 전반에 큰 변화를 가져왔다.

---

[32] Fortune, David Z. Morris, "Today's Cars Are Parked 95% of the Time" (2016.03.14.)

생산 측면에서 볼 때, 소유 중심의 경제에서는 경제활동의 진입장벽이 높았다. 그러나 공유경제에서는 추가 지출이나 투자 없이도 경제활동이 가능해졌다. 개인은 소유하고 있는 유휴자원을 공유함으로써 일상생활 속에서 수익을 창출할 수 있기 때문이다.

소비 측면에서도 공유경제는 변혁을 이루었다. 소유 대신에 공유를 통해 사용의 효율과 경험 가치를 창출하는 것이 중요하게 되었다. 진짜 필요한 것은 물질의 소유하는 것이 아니라, 그 물질을 활용하여 얻는 가치이다. 지금까지는 가치가 아니라 소유를 위한 소비를 하는 경우가 많았다. 그러나 이제는 공유를 통해 본질적인 가치 중심으로 생활방식이 바뀌고 소비 또한 변화하고 있는 것이다.

Part 3

변화의 공통 키워드, 플랫폼

4차 산업혁명과 공유경제

4차 산업혁명은 '현실과 가상의 인간을 위한 융합^{O2O-Online 2 Offline}'으로 정의할 수 있다. 기존의 경제가 하드웨어와 소프트웨어로 이루어진 제품의 경제였다면 이제는 데이터와 서비스가 순환하는 융합경제로 대 변혁의 시대가 열린 것이다. 이는 3D 프린팅, AR/VR 등 아날로그로 트랜스폼 하는 기술들이 발달함으로써 가능해졌다.

4차 산업혁명은 또한 3차 산업혁명까지 분리됐던 생산과 소비가 재결합하는 공유혁명이라 할 수도 있을 것이다. 물질로 이루어진 소유의 세상과 정보로 이루어진 공유의 세상이 융합하는 곳에서 플랫폼을 중심으로 공유경제가 확산되고 있다. 융합과 공유는 이제 거스를 수 없는 흐름이 되었다.

공유경제는 온디맨드$^{On-Demand}$라는 소비자의 욕망을 중심으로 구현된다. 미래사회에는 더 많은 재화와 서비스가 아니라, 당장 나에게 필요한 재화와 서비스가 중요할 것이다. 즉, 온디맨드가 온서플라이$^{On-Supply}$와 융합되는 공유경제의 세상이 온다는 말이다.

협력적 생산의 수단, 플랫폼

공유경제에서 생산이나 공급에 대한 중요성은 상대적으로 적게 다뤄져 왔다. 그러나 협력적 소비에 대응되는 협력적 생산은 다양하게 산업계를 변화시키고 있다. 이른바 개방혁신이다.

크라우드소싱으로 대표되는 집단지능의 활용 사례는 협력적 생산의 극히 일부분이다. 지금까지 소비 관점에서 보았던 오픈소스는 지금의 실리콘밸리를 있게 한 생산 관점으로도 볼 수 있다. 혁신적인 아이디어만 있으면 누구나 시제품으로 만들 수 있도록 도와주는 플랫폼들은 협력적 생산을 촉진하고 있다. 예를 들어 Shapeways, Techshop, Thingiverse 등과 같은 플랫폼들이 등장하면서 과거에 비하여 훨씬 적은 노력으로 원하는 디자인을 얻고, 오랜 기술 연마 없이도 물건을 만들 수 있게 되었다.

크라우드펀딩은 누구나 투자자가 되어 생산활동을 지원한다. 그리고 이러한 모든 활동은 크라우드펀딩 플랫폼을 통해 이루어진다.

 이처럼 공유경제에서는 지식과 자원을 공유함으로써 인류는 개개인의 능력을 증폭할 수 있다. 자신만의 차별화된 모듈만 설계하면 나머지는 공유플랫폼에서 조달하면 된다. 즉, 공유경제를 가능하게 하는 인프라는 '플랫폼^{Platform}'이다.

 플랫폼은 객체와 주체가 어떤 요소를 공유할 수 있도록 장소를 제공하는 기술이다. 기술의 발달로 그 요소는 어떤 것이든 가능해졌다. 기존의 소비 측면의 공유경제를 생산까지 확장될 수 있도록 한 것은 O2O 플랫폼이다. 온라인 플랫폼의 등장은 정보의 공유비용 제로 사회로 진입하게 하였으며, O2O 플랫폼은 물질의 공유비용을 급격히 떨어뜨리고 있다.

 2017년 기준 미국 시가 총액 상위 10위 기업 중 6개가 공유경제 기업이며, 신생 거대 벤처인 유니콘 기업의 70%가 공유경제 기업들인데, 이들은 모두 플랫폼 기업들이라는 점에 주목할 필요가 있다.

플랫폼 기업으로의 진화과정

세계의 경제를 리드하는 글로벌 거대기업들의 공통 사업모델은 바로 플랫폼이며, 이들은 서로 호환되는 플랫폼 생태계를 구축하고 있다. 그렇다면 플랫폼 기업이란 과연 어떤 기업을 말하는 것일까?

일반적으로 사람들은 플랫폼을 iOS나 구글 플레이와 같은 온라인 플랫폼으로 생각한다. 그러나 그것은 오해다.

2000년대로 넘어오면서, 세계경제의 주요 흐름은 두 번의 변화를 겪는다. 2000년대의 세계경제는 1980년대처럼 골드락스를 경험한다. 골드락스는 뜨겁지도 차갑지도 않은 호황을 의미한다. 경기과열에 따른 인플레이션이나 경기침체에 따른 실업도 감소하는, 최적의 경기상태다. 세계 경제가 이러한 골드락스를 경험할 수 있었던 것은 중국, 인도, 러시아, 브라질과 같은 대국들이 세계경제에 편입된 결과였다. 이들 국가에서 세계화가 진행되면서 세계경제에는 충분한 노동력이 제공되었고, 임금과 재화의 가격은 안정되었다. 또한, 이들 국가를 중심으로 시장이 창출되면서 새로운 수요가 발생해 세계경제는 안정적인 성장이 가능해졌다.

세계경제의 이러한 흐름은 2000년대 세계 10대 기업의 순위에 나타나 있다. 2007년 글로벌 시가총액 상위 10대 기업리스트는 페트로 차이나, 엑손모빌, GE, 차이나모바일, 중국공상은행, 시티그룹, 로열더치셸, BoA 등 원유와 금융을 중심으로 하는 생산요소를 제공하는 기업들과 중국기업들로 이루어졌다. SW기업은 MS만이 유일했다.

그런데 2007년 글로벌 금융위기가 시작되면서 경제흐름은 큰 변화를 맞이한다. 세계경제 성장이 둔화되고, 자원 중심에서 혁신 중심으로 경제성장의 패러다임이 전환되었다. 그러면서 데이터 처리와 통신 기술의 혁명적 변화는 생산과 물류의 혁신적 변화를 촉진했다. 그 결과 애플은 스마트폰과 iOS를 통하여 HW와 SW를 연계하였고, 아마존은 책에서 시작하여 식품에 이르는 모든 상품의 유통시장을 혁신했다. 구글과 MS는 온라인에서 오프라인으로 사업의 영역을 확장하면서 O2O 플랫폼을 구축했다.

또한, 전통적인 기업들은 사업전략을 개편하기 시작했다. GE는 2013년 그룹 전체 수익의 절반(53%)[33]이 넘는 금융부분을 한계사업으로 인식하고 매각하며, 가전부분도 정리했다. 특히 GE는 자신들의 정체성을 120년이 넘은 '스타트업'으로 천명하고 주력 사업은 SW에 집중하겠다고 발표했다. 그리고 PREDIX를 통한 제조플랫폼을 구현하고자 노력하고 있다. IBM도 과거의 영광을 재현하고자 클라우드와 인공지능(왓슨)을 연계한 Bluemix

---

33) 연합뉴스, "GE, 금융부문 매각 고강도 개혁추진" (2015.4.11.)

서비스를 제공하고 있다. 동시에 BaaS^{BlockChain as a Service}라는 개념을 제시하면서, 블록체인 플랫폼 Adept를 런칭했다. MS도 인공지능은 Cognitive, 클라우드 서비스는 Azure, 소프트웨어도 Office 365와 같은 플랫폼을 구현하면서 유사한 흐름을 보인다.

2017년 5월 글로벌 시가총액 10위 기업에서 7개의 기업이 플랫폼 기업인 것은 바로 이런 과정을 겪은 결과다. 구글, 아마존, 페이스북, 텐센트와 알리바바는 전형적인 플랫폼 기업이다. 이들은 온라인을 중심으로 성장하였고, 이제는 오프라인으로 사업영역을 확대하고 있다. 반면에 애플, MS는 제조업이나 소프트웨어를 만드는 기업이었으나, 이제는 플랫폼을 사업의 핵심으로 하고 온라인과 오프라인 양측으로 사업을 확장하고 있다. 즉, 플랫폼은 세계경제를 관통하는 핵심 키워드가 되고 있다.

플랫폼, 거대 변화의 중심으로 등장

SHARING PLATFORM ECONOMY

제2장

공유경제의 새로운 접근

PART 1 | 다양한 공유경제에 대한 이론
PART 2 | 공유경제 큐브 모델
PART 3 | 공유경제와 소비
PART 4 | 공유경제와 생산
PART 5 | 공유경제와 시장

Part 1

다양한 공유경제에 대한 이론

공유경제의 다양한 설명들

공유경제가 활성화 되면서 공유경제에 대한 많은 해석이 나타나고 있다. 정보나 콘텐츠의 자유로운 활용에 집중한다면 오픈소스 또는 CC^{Creative Commons}, 물질의 효율적 이용은 협력적 소비, 그리고 수요자 중심의 경제는 온디맨드 경제로 정의했다. 공유경제에 대한 대부분의 언급은 소비를 중심으로 이루어지고 있다.

요즘은 블로그에 무심코 사진 한 장 올리는 것도 주의해야 한다. 저작권자에게 허락받지 않으면, 나중에 문제가 될 소지가 다분하기 때문이다. 그렇다고 사진 한 장 올리겠다고 이 사진의 주인을 찾아다니는 것도 쉽지 않다. 이처럼 저작권자를 확인하고 활용할 방법을 찾는 게 어려울 때, 사람들이 찾는 것이 CCL^{Creative Commons License}을 적용한 이미지다. 미국 마운틴뷰에 있는 크리에이티브 커먼스라는 비영리기구가 배포하는 저작물 사전 이용 허락 표시다. 창작자가 자기의 창작물에 대해 일정한 조건을 지키면 얼마든지 이용해도 좋다는 내용을 표시해 둔, 일종의 약속 기호다. "출처를 표시하면 얼마든지 써도 좋아요"라거나 "출처를 표시하고 비영리 목적으로 활용하되, 이 저작물을 변경하지 않는다면 써도 좋아요"라는 식으로 저작물 이용 조건을 내건다.

크리에이티브 커먼즈 재단은 로렌스 레식$^{Lawrence\ Lessig}$ 미국 하버드 대학교 교수와 할 어벨슨$^{Hal\ Abelson}$ 미국 메사추세츠 공과대학 교수, 프로그래머 출신 저술가인 에릭 엘드레드$^{Eric\ Eldred}$ 등이 주축이 돼 2001년 설립됐다. 그 시작은 1997년으로 거슬러 올라간다. 에릭 엘드레드는 저작권이 만료된 문학 작품을 공개하는 프로젝트를 진행하고 있었다. 그런데 1998년 미국에서 저작권이 창작자 사망 후 50년에서 70년으로 늘리는 저작권 보호기간 연장법안이 통과되자, 그와 함께 일하는 출판사가 웹에 문학작품을 올린 것이 저작권법과 전자절도금지법을 위반해 고발될 위기에 처했다. 전자절도금지법은 1997년 미국 의회에서 통과된 법으로, 온라인상에 저작물을 저작권자 허락 없이 무단으로 등록하면, 이익을 얻었는지와 관계없이 처벌하는 내용을 담고 있다.

저작권법이 개정되는 과정에서 에릭 엘드레드는 한 가지 의문을 품었다. 저작권을 과도하게 보호하고, 보호 기간을 필요

이상으로 늘이는 것이 과연 바람직한지에 대한 생각이었다. 창작자가 죽어도 유지되는 저작권 보호기간은 누구를 위해 마련된 것인지 의문을 품을 수밖에 없었다. 그는 저작권 기간 연장법$^{Sonny\ Bono\ Copyright\ Term\ Extension\ Act \cdot CTEA}$의 파기 요청 상소를 했다. 그리고 당시 소송 대리인이었던 로렌스 레식 교수와 저작권 보호기간 연장법안과 달리 저작물을 자유롭게 이용할 방법을 고민해 2002년 12월 16일 CCL$^{Creative\ Commons\ License}$을 배포했다.[34]

오늘날 크리에이티브 커먼즈 운동은 70여 개 국가에 퍼졌다. 우리나라와 미국, 캐나다, 일본, 페루, 루마니아, 스위스, 영국, 태국 등 각 나라 크리에이티브 커먼즈 재단 또는 법인은 자국 언어로 CCL과 CCL 규약을 번역해 배포한다. 그리고 CCL 규약은 그 나라 저작권법에 맞게 조금씩 수정한다.

CC와 유사한 오픈소스는 상호 연결에 필요한 소스 코드를 공유하며 자유롭게 사용, 복제, 배포, 수정할 수 있는 형식의 소프트웨어이다. 너무나 파격적이던 자유소프트웨어 개념을 완화하기 위해 에릭 레이먼드와 브루스 페런스가 오픈소스이니셔티브^{OSI}를 창립하면서 오픈소스 SW에 라이선스라는 개념을 미묘하게 도입했다. 무료 서비스와 무료 이윤을 연상시키던 기존의 자유소프트웨어와는 미묘하게 차이가 있다.

오픈소스와 CC가 온라인상에서 일어나는 공유경제라면 협력적 소비는 오프라인에서 발생하는 공유경제이다. 협력적 소

---

[34] 네이버캐스트:용어로 보는 IT, "크리에이티브 커먼즈"

비의 확산에는 레이첼 보츠먼$^{Rachel\ Botsman}$의 공헌이 컸다. 레이첼 보츠먼은 공유경제를 사용하지 않는 자산을 공유하여 자산을 여럿이 공동으로 협력적으로 소비한다고 해석했다. 이는 현재 가장 많이 통용되고 있는 공유경제의 개념이다. 또한, 사뮤엘 J. 팔미사노$^{Samuel\ J.\ Palmisano}$는 2002년 IBM의 차세대 전략으로 최초 제시하면서 비즈니스 모델과 기술혁신 모델 융합의 필요성을 역설했다.[35]

이러한 온디맨드 경제는 플랫폼을 통해 연결비용을 낮추는 동시에 수요자의 니즈를 충족시킨다는 면에서 공유경제와 혼돈하여 사용되고 있다. 다만 수요자의 니즈가 공급자에 의해 이미 준비되어, 필요할 때 서비스된다는 점이 다르다. 공유경제와 달리 특정 한정된 자원을 공동으로 수요자가 사용하기 때문이다.

토마스 아이젠만은 시장의 관점에서 공유플랫폼을 설명한다. 그는 공유플랫폼이 구매자와 판매자의 거래 및 양측에 비용과 수익을 주는 시장의 역할을 하고 있다고 했다. 공유경제학에서 소비자가 생산자가 되기도 하고, 생산자가 소비자가 되기도 하는 양면성을 밝힌 것이다. 자신이 원하는 바를 스스로 생산단계부터 참여하여 소비해나간다는 의미의 프로슈머^{Prosumer}가 설명되는 부분이기도 하다.

이처럼 공유경제에 대한 접근은 공유하는 대상과 바라보는 관

---

[35] IBM Newsroom, "IBM Research Launches Consulting Organization", (2002.11.20.)

점에 따라 각기 다르게 해석되고 있다. 또한, BM(사업모델)이 어떤 모델이냐에 따라 다양하게 분류할 수 있다. 공유경제의 다양한 정의들을 지적하면서, 공유경제에 관하여 최고의 석학으로 뽑히고 있는 레이첼 보츠먼은 "공유경제에는 공유된 정의가 없다."라고 언급하기도 했다.

공유경제의 다양한 이름들

공유경제에는 **공유된 정의가 없다**
- 레이철 보츠먼 -

한편 마틴 와이츠먼^{Martin Weitzman} 교수는 다양한 측면들과 다차원적인 속성을 언급하면서, 나름대로 공유경제 사업들의 분류를 시도했다. 그는 공유의 목적과 무엇을 공유할 것인가로 기준을 세웠다. 목적을 기준으로 하면 공유경제 기업들은 자산임대, 서비스 제공으로 분류할 수 있으며, 공유의 방법을 기준으로 하면 매매 및 교환, 그리고 고객이 기업 혹은 개인 등으로 분류된다. 이러한 분류는 공유경제가 가지고 있는 다양한 측면을 인정하고 이에 따라 분류했다는 점은 의미가 있다. 그러나 마틴 교수도 스스로 밝혔듯이 다양한 측면과 다차원적인 속성을 가진 공유경제의 특성상 지금까지의 분류 방식으로 공유경제를 포괄적으로 정의하기에는 한계가 있다.

Part 2

공유경제 큐브 모델

　기존의 연구들을 바탕으로 다양한 측면에서 공유경제를 설명하기 위해서는 먼저 경제의 주체 측면에서 무엇을 공유할 것인지를 조망할 필요가 있다. 공유경제는 경제요소를 공유하는 모든 활동이라고 재정의 할 수 있으며, 여기서는 지금까지의 다양한 정의들을 하나의 체계로서 설명하고자 한다.

공유대상에 따른 분류: 정보, 물질, 관계

　공유대상에 따른 분류는 크게 시간(정보), 공간(물질), 그리고 인간(관계)으로 분류할 수 있다. 정보의 공유 기업들은 Wisdome, Youtube, 자유롭게 오픈소스 프로그램 코드를 얻을 수 있는 Github 등이 있다. 물질의 공유는 현재 공유경제에서 가장 많은 비중을 차지하고 있으며, 대표적으로 우버, 에어비앤비, 쏘카, 야놀자 등이 있다. 인간의 공유는 TaskRabbit(심부름 서비스), Foodfly(음식배달), Wahome(청소), Upwork (인력 매칭) 등이 있다. 많은 노동력이 필요했던 농경사회에서는 자체적으로 두레나 품앗이 등을 활용하여 부족한 노동력을 공유하였는데, 이러한 형태가 발전된 것이다. 이러한 공유경제 기업들이 출현함으로써, 여러 가지 제약으로 자신이 잘하지 못하거나 하기 힘들었던 일들을 다른 사람들을 통하여 할 수 있게 되었다.

공유대상에 따른 분류

공유주체에 따른 분류 | 공급, 시장, 소비

공유경제를 주체에 따라서 분류한다면, 공급과 소비 그리고 양 쪽을 이어주는 시장의 관점에서 분류할 수 있다. 일반적으로 공유경제라는 개념은 로렌츠 레식과 레이첼 보츠먼 교수의 영향으로 소비의 관점에서 해석되는 경향이 크다. 그러나 필자는 소비만이 아니라 공급과 시장의 측면까지 경제 활동 전반을 고려하여 공유경제를 분류하고자 한다.

경제주체에 따른 분류

공급   소비

Prosumer

거래
소유

관계
공유

Prosumer의 출현
소유와 공유 시장이 공존

KCERN의 공유경제 큐브 모델

공유경제는 '경제 요소를 공유하는 경제'라는 포괄적인 정의 하에 공유의 대상을 정보, 물질, 관계로 공유의 주체는 생산, 소비, 시장으로 분류하면 3×3, 총 9개의 공유경제 영역들이 정의된다. 그리고 이렇게 분류하면 기존의 수많은 공유경제 정의들이 모두 이 범주에 속한다. 이러한 공유경제에 대한 3×3의 9가지의 분류 체계를 '공유경제 큐브 모델'이라 명명하고자 한다.

3가지 형태의 소비 공유

소비의 공유는 공유경제의 시작점이라고 볼 수 있다. 공유경제의 소비는 무엇을 공유할 것인가에 정보(오픈소스와 CC), 물질(협력적 소비와 온디맨드), 그리고 관계(Prosumer와 SNS)로 분류할 수 있다. 정보를 공유하는 온라인 플랫폼을 통해 지식이 공유되어 혁신이 촉발되었다. 창작과 Remix의 지속가능한 동기부여를 위하여 다양한 형태의 CC^{Creative Commons}가 등장하게 된다. CC의 경우 무형자산에 대한 저작권과 자유로운 활용^{Copyleft}의 균형을 위하여 다양한 스펙트럼이 존재한다.

또 O2O 플랫폼의 등장으로 공유는 정보에서 물질로 확산된다. 즉 현실과 가상의 효율적 연결이 가속화되면서 온디맨드 혹은 협력적 소비가 확산되고 있다.

관계의 공유는 생산과 소비를 융합하는 프로슈머^{Prosumer}, 혹은 크레슈머^{Creasumer}의 형태로 진화를 촉발하고 있다. 집단지능으로 개인의 작품을 만드는 디지털 D.I.Y.^{Do It Yourself}는 미래사회의 소비와 공급의 불균형을 해소하는 열쇠가 될 것이다.

3가지 형태의 생산·공급 공유

공유경제는 공유 비용에 비하여 공유효과가 큰 협력적 소비에서 시작되었다. 때문에 공급은 소비보다는 다소 중요도가 낮게 인식되고 있다. 그러나 경제는 생산과 소비의 순환이라는 점에서 여전히 중요하다. 이에 필자는 연결 수단의 발달로 나타나는 '협력적 생산'이라는 개념을 새롭게 제시하고자 한다. 협력적 생산은 정보, 물질, 인간의 3차원에 걸쳐 오픈소스, 협력적 생산, 프리 에이전트라는 형태로 등장하고 있다.

오픈소스는 서로의 코드를 공유함으로써 생산성을 극대화하고 혁신을 가속화한다. 오픈소스 운동을 통한 소프트웨어 개발 공유에 대한 예로는 미국을 들 수 있다. 미국의 소프트웨어 생산성 향상의 일등 공신이 바로 오픈소스 운동이기 때문이다. 95%의 소프트웨어가 오픈소스인 실리콘밸리에서는 5%의 소프트웨어만 개발하면 된다. 공유 개발을 통한 경쟁력이 미국의 경쟁력인 것이다.

그러나 한국에서는 90%의 소프트웨어를 개별적 내부 개발에 의존하고 있다. 아무리 개인의 능력이 탁월해도 협력적 소프트웨어 개발의 효율을 당해낼 수는 없다. 개방혁신을 통한 협력적 생산은 효율을 극대화하여 혁신이 쉬운 사회를 만든다는 사실을 기억해야 한다.

3D 프린터나 레이저 커터 등의 개발 장비를 공유하는 메이커스페이스의 등장은 창업 활성화에 결정적 공헌을 하고 있다. 이제 개발과 생산은 개방 협력이 일반화되고 있는 추세다. 생산 분야에서 정보, 물질이 공유되면서 인력 또한 프리 에이전트Free Agent가 부상하고 있다. 그들은 특정 집단에 소속되지 않은, 전문적 기능을 갖춘 프리랜서들이다. 긱 경제Gig Economy의 출현으로 다양한 전문가들이 특정 목적에 맞추어 단기간 협업 체제에

쉽게 돌입할 수 있는 초연결 평판 사회가 열리고 있는 것이다.

3가지 형태의 시장 공유

공유경제에서 시장은 초연결 플랫폼의 등장으로 촉진되었다. 온라인 플랫폼의 등장으로 정보의 공유비용은 제로에 가까운 사회로 진화했다. 그러면서 온라인의 정보를 공유하는 오픈소스와 온라인 플랫폼이 사회적 가치Value를 증대하는 역할을 해왔다. 정보, 물질, 관계를 연결해주는 시장플랫폼들도 등장했다.

인터넷이 확산되면서 다양한 온라인 플랫폼이 위키피디아와 같은 정보의 공유를 실현하고 있다. 가상과 현실을 연결하는 O2O 플랫폼들이 물질을 연결하는 공유 시장을 형성한다. 마지막으로 하버드 비즈니스 리뷰에서 언급한 Access Economy[36]가 관계의 공유에 대응하게 된다.[37]

과거 제레미 레프킨이 '소유의 종말'에서 소유권 중심에서 접근권 중심으로 시대가 변화할 것이라고 주장한 것도 플랫폼의 출현과 영향력의 확대를 염두에 두고 예측한 것이다.

---

36) Access Economy는 상품과 서비스가 소유보다는 접근을 기반으로 거래되는 비즈니스 모델로, 영구적 판매 또는 소유가 아닌 일시적 임대를 뜻한다.
37) Harvard Business Review, "The Sharing Economy isn't About Sharing at All" (2015.01.28.)

영리와 비영리 공유경제

공유경제는 현실적으로는 완전 공유에서 비영리 공유까지 다양한 스펙트럼으로 구성되어 있고, 크게 영리와 비영리의 두 얼굴을 가지고 있다고 할 수 있다. 또한, 과정을 공유하는 Sharing Economy와 결과를 공유하는 Shared Economy로 각각 다르게 이해되고 있다. 전자는 플랫폼을 통하여 경제 객체를 공유하는 시장 경제의 진화이고 후자는 결과를 공유하려는 사회적 경제의 형태라고 필자는 정의한다. 그러나 많은 경우, 공유경제를 사회적 경제로 오해하곤 한다. 이에 대해서는 후반부에서 소셜 공유경제로 설명하고자 한다.

공유경제 큐브 모델

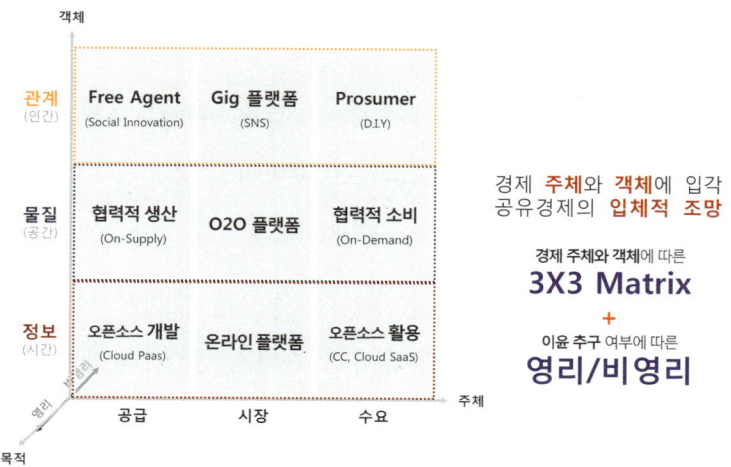

Part 3

공유경제와 소비

앞서 언급했듯이 공유경제는 소비의 협력이라는 관점에서 시작되었다. 국내에서는 IMF 시대 아나바다 운동처럼 오프라인에서 작은 규모로 이루어지던 공유경제 활동이 초연결사회의 도래로 시간과 장소의 구애받지 않고 즉각적으로 이루어지고 있다. 앞장에서 공유경제를 경제 요소를 공유하는 모든 활동이라고 정의하고 공유경제를 분류한 큐브 모델을 제시하였는데, 여기서는 소비의 각도에서 공유경제를 분석해 보고자 한다.

공유경제를 소비의 관점에서 정보, 물질, 관계로 나누어 보면 각각 오픈소스, 온디맨드와 프로슈머라는 공유경제의 형태로 대응된다.

오픈소스는 정보 소비의 공유이다. 정보의 세계에서는 한계비용의 제로화로, 소유보다 공유의 가치가 높다. 위키피디아, 오픈소스와 CC 등은 대표적인 정보 공유의 사례로서 온라인상의 공유경제는 활성화되어 있으나, 아직은 오프라인 경제의

5%에 불과하다.

　반면에 온디맨드는 물질 소비의 공유로서 공유경제의 최대의 비중을 차지하고 있다. 온디맨드는 초연결사회로 접어들면서 역시 연결비용이 감소하면서 공유가 쉬워졌다. 또한, 경기불황이나 환경오염으로 사람들은 효율적 소비에 대한 관심이 증가했다. 최근에는 O2O 융합경제가 오프라인 경제의 60%까지 확대될 것으로 전망되면서 협력적 소비의 영역은 더욱 커질 것으로 전망된다.

　마지막으로 프로슈머는 관계 소비와 생산의 공유로서 공유경제의 미래 형태로 등장하고 있다. 사람들은 반복적인 부분에서는 공유를 통해 시간과 비용을 절감하고(소비), 창작과 융합으로 자신만의 차별화를 추구한다(생산). 결국 공유를 통한 개별화를 추구하는 과정이다.

정보 소비의 공유 | 오픈소스

　공유 비용이 가장 적은 곳은 온라인 세상이다. 이미 출판업계와 통신업계, SW 산업 등에서 정보의 공유가 이루어지고 있으며, 점점 더 많은 정보가 거의 무료로 제공될 것이다. 이러한 정보의 공유는 비용의 감소만이 아니라 공유를 통한 협력으로 혁신의 원동력이 되기도 한다. 리믹스를 통한 재창조는 오픈소스 운동의 주된 관심사다.

오픈소스의 현황

1985년 리처드 매슈 스톨먼$^{Richard\ Matthew\ Stallman}$은 자유 소프트웨어 재단을 설립하고 카피레프트의 개념을 만들었다. 이후에 스톨먼은 일반 공중 사용 허가서^{GPL}, 소프트 라이선스 개념을 도입하면서 오픈소스의 대중화를 이끌었다. 뒤이어 에릭 레이먼드$^{Eric\ Steven\ Raymond}$가 '성당과 시장(1997)'을 통하여 오픈소스 개발 과정의 운영 및 반복과정을 설명하면서 오픈소스 운동을 주도했다. 그리고 실제로 넷스케이프 소스코드도 공개했다. 뒤이어 1999년에 아파치 그룹과 미 델라웨어사가 병합하여 세운 오픈소스재단인 아파치 소프트웨어 재단은 아파치 라이선스 조항 아래 자신들이 개발한 SW를 배포하고 있다.

오픈소스와 저작권[38]

리처드 스톨만은 소프트웨어에 대한 자유는 소스코드에 동일한 접근이라는 점을 인지해, 자유 소프트웨어 운동$^{Free\ software}$을 시작했다. 그러나 Free에 대한 해석을 '자유'가 아니라 '무료'로 오해하면서 에릭 레이몬드$^{Eric\ Raymond}$가 오픈소스라는 용어를 만든 것이다. 통상적으로 오픈소스 소프트웨어는 자유롭게 사용 및 수정 그리고 복제와 배포가 가능하다. 단, 상업적인 소프트웨어 개발을 위해 무단으로 오픈소스를 사용하고, 해당 소스코드를 공개하지 않는 문제점을 사전에 방지하고자 했

---

38) "오픈소스 상용화의 경쟁제한성 검토(손혁상, 연세대학교 법학연구원)"를 참고하여 재정리함

다. 그래서 일반적으로 오픈소스에서는 라이선스[39]가 운영되고 있다. 따라서 오픈소스가 무조건으로 자유롭게 사용할 수 있는 것은 아니다. 많은 사람들이 오픈소스에 대해 잘못 알고 있는 셈이다.

이번 단락에서는 오픈소스의 라이선스에 대하여 아래의 그림과 같이 정리했다. 강조하건대, 오픈소스라고 하여 공짜가 아니므로 오픈소스의 활용에는 주의가 필요하다. 오픈소스는 창작과 활용의 균형을 위하여 다양한 스펙트럼에 걸쳐 있다.

오픈소스와 저작권

	필수 사항	허락 조건	금지 조건	규제 강도
GNU AGPL	네트워크상 사용자 모두 공개 이하 GPL 동일	상업적 이용 배포, 수정, 특허 가능 사적 이용	보증책임 없음 2차 라이선스 금지	强
GPL V2.0/3.0	수정 및 GPL 소스 활용한 경우 모두 GPL공개 이하 아파치와 동일	상업적 이용 배포, 수정, 특허 가능 사적 이용	보증책임 없음 2차 라이선스 금지	
아파치 (Apache)	라이선스 및 저작권 명시 변경사항 안내	상업적 이용 배포, 수정, 특허 가능 사적 이용 2차 라이선스 가능	보증책임 없음 **상표권 침해 금지**	
GNU LGPL	수정한 소스코드 LPGL 공개 단순 활용은 공개 의무 없음 저작권과 라이선스 명시	상업적 이용 배포, 수정, 특허 가능 사적 이용 2차 라이선스	보증책임 없음 2차 라이선스 금지	
Beerware		맥주 사주기		弱

* 이외에도 존재하며, 필수사항 및 다양한 조건 확인이 필요함
** MIT, Artistic, Eclipse, BSD, MPL V2.0 등 라이선스가

자료: 위키피디아 'Comparison of free and open-source software licenses'

---

[39] 일반적으로 소프트웨어가 다양한 필요성에 의하여 저작권자가 아닌 다른 사람들이 소프트웨어를 활용할 수 있는 권한을 라이선스라고 한다.

CC^{Creative Commons}의 시작과 현황

크리에이티브 커먼즈는 2001년에 로렌스 레식 교수가 엘드리드 대 애시크로프트 사건^{Eldred vs Reno}에서 불거진 문제를 해결하기 위해서 샌프란시스코에서 이 조직을 만들었다.[40] 즉, 저작권 기간 연장법에 대한 문제를 해결하기 위해 CCL이 만들어졌다. 이러한 라이선스 활동은 미국뿐 아니라 세계 50여 개 국에서도 그 나라의 법에 맞게 수정되어 진행되고 있다.[41]

오라일리^{O'Reilly} 출판사를 설립한 팀 오라일리^{Tim O'Reilly}는 다양한 오픈소스 라이선스 활동을 지원했다. 특히 오라일리 미디어는 2003년부터 Creative Commons에서 만든 파운더의 저작권^{Founder's Copyright}[42]을 적용했다. 현재는 저자의 동의를 얻어 절판된 책 및 현재 판매되고 있는 책에 CCL을 적용하여 오픈한다. 오라일리는 28년을 최장 저작권 기한으로 삼는다. 현재 미국의 저작권법인 70년보다 훨씬 짧다.[43] 국내에서도 CC Korea가 크리에이티브 커먼즈 프로젝트 및 CCL 대한민국 라이선스

---

40) 엘드리드 대 애시크로프트는 미국 재판에서의 특정 사건으로 엘드리치 출판사의 엘드리드와 애시크로프트라는 법무부장관의 이름을 따서 붙여진 사건의 이름이다. 엘드리치는 온라인에서 저작권이 만료된 작품을 공개하는 일을 하고 있었다. 그런데 기존의 저작권 보호법이 저작자의 생존 기간과 사망 후 50년간으로 규정되어 있었는데, 저작권 기간이 70년으로 연장되었다. 이에 엘드리드는 미국 헌법에 나와 있는 표현의 자유를 언급하며 창작을 위해 사람들이 이러한 자료들을 향유할 수 있도록 해줄 것을 요청하기 위해 재판을 시작했다.
41) 위키백과 '크리에이티브 커먼즈'
42) 미국의 현재 저작권법을 개정·수정하지 않으면서 저작권자 스스로가 자발적으로 저작권의 기간을 제한하여 70년보다 짧은 저작권 유효기간을 설정하는 것을 말한다.
43) http://cckorea.org/

2.0을 런칭하여 12년째 활발하게 활동하고 있다.

　온라인 세상에서는 정보나 콘텐츠들을 시간과 공간의 제약이 없이 교환, 복제, 전달 등이 가능하고 최근에 Github와 같은 정보의 공유가 활발해지면서, 카피라이트^{Copyright}와 카피레프트^{Copyleft}에 대한 논쟁이 뜨거워지고 있다. 카피라이트를 주장하는 측에서는 카피라이트는 창작에 대한 대가로서 독점적인 권리를 주어 창작의 동기를 부여해야 한다고 한다. 특히 이들은 대가없이 누구에게나 콘텐츠가 공개된다면, 누가 지속적으로 프로그램을 개발할 것인가라는 문제를 지적한다. 그러나 현행 저작권 제도가 과도한 독점으로 인한 지식의 불평등을 심화하고, 창작자가 아닌 기업의 이익을 대변한다는 비판의 목소리도 높다. 저작권법 1장 1조는 "이 법은 저작자의 권리와 이에 인접하는 권리를 보호하고 저작물의 공정한 이용을 도모함으로써 문화의 향상발전에 이바지함을 목적으로 한다."라고 밝히고 있다. 저작권법의 취지가 공정한 이용과 함께 문화의 향상발전에 이바지한다는 말이다. 그렇다면 저작권 제도는 이에 어긋난 측면이 존재한다.

　이러한 비판에서 나온 운동이 카피레프트이다. 카피레프트는 독점적인 의미의 저작권인 카피라이트에 반대되는 개념이다. 저작권에 기반을 둔 사용 제한이 아니라 저작권을 기반으로 한 정보의 공유를 위한 조치이다. 카피레프트를 주장하는 사람들은 보통 지식과 정보는 소수에게 독점되어서는 안 되며, 모든 사람에게 열려 있어야 한다고 주장한다.[44] 그들은 현대 지식이 과거부터 인류가 축적해온 지식들을 기반으로 새로운 정보로 재창조되었음을 지적한다. 따라서 완전한 창조는 실질적으로 드물며, 자유로운 정보의 공유 속에서 혁신과 창조가 태동한다는 것이다.

CC^{Creative Commons}의 다양한 조건과 사례

크리에이티브 커먼즈 라이선스는 앞서 언급한 역사적 배경을 바탕으로 미국의 저작권을 염두에 두고 개발되었다. 개별 나라의 사정에 맞지 않을 수 있으므로 이를 각 나라에 맞도록 수정하는 iCommons 프로젝트를 진행하고 있다. 2008년 대한민국을 포함한 50개국에서 이 작업이 완료되었고, 아일랜드, 요르단 등 5개국에서 작업을 진행하고 있다. 현재 CC의 11가지의 라이선스가 사용될 수 있다.

그리고 많은 나라에서 저작자 표시를 기본 사항으로 채택하고 있어서 일반적으로 다음의 6가지를 선택할 수 있다.

- 저작자 표시(BY)
- 저작자 표시-비영리(BY-NC)
- 저작자 표시-비영리-변경 금지(BY-NC-ND)
- 저작자 표시-비영리-동일조건 변경 허락(BY-NC-SA)
- 저작자 표시-변경 금지(BY-ND)
- 저작자 표시-동일조건 변경 허락(BY-SA)

---

44) 위키백과 '카피레프트'

처음 CC가 출판물 위주의 저작권 관련 문제로 시작되어 지금까지는 책이나, 비디오와 같은 문학 콘텐츠 영역에서 가장 활발히 사용되고 있지만 최근에는 IT(SW), 디자인과 같은 분야에서도 활용되고 있다.

물질 소비의 공유 | 온디맨드와 협력적 소비[45]

온디맨드$^{On-Demand}$와 협력적 소비$^{Collaborative\ Consumption}$라는 물질 공유는 O2O 플랫폼의 등장으로 효율적 연결이 가속화되기 시작했다. 공유경제의 거대 산업들이 물질을 공유하는 온디맨드 영역에 포진하고 있기 때문에 현 시점에서 가장 중요한 화두로 떠오르고 있다. 공유경제의 대명사인 우버와 에어비앤비가 가장 대표적인 온디맨드 사업의 사례다.

온디맨드를 처음으로 언급한 사람은 IBM의 CEO였던 Samuel J.Palmisano로, 그는 수요자 중심의 사업을 역설하면서 온디맨드 비즈니스$^{On-Demand\ Business\ [46]}$를 언급했다.[47] 그리고 스마트폰이 대중화 되고 O2O 융합경제가 출현하면서 온디맨드 비즈니스가 확산 및 재정립되고 있다. 현재의 온디맨드는 기술의 진보, 인구구조 및 노동시장의 변화, 그리고 소비자 행동

---

45) 오정숙(2016)의 "글로벌 온디맨드(On-demand Economy) 현황 및 시사점"을 참고하여 작성함
46) Palmisano는 On Demand Business는 외부의 위협이나 시장의 기회에 따라 소비자들의 요구에 속도감 있게 반응할 수 있는 사업 시스템 전반이라고 정의했다.
47) Ron sebastian and Douglas W. Spencer(2005), "Understanding IBM Workplace Strategy & Products: A New Approach to People Productivity"

진화에 대응하여 다양한 방식으로 고객의 수요를 충족시키는 혁신적인 비즈니스로 정의되고 있다.[48]

또한, 온디맨드는 협력적 소비의 또 다른 용어가 되고 있다. 보츠만은 협력적 소비를 "상품이나 서비스의 공유·교환·거래·대여에 기반을 두고 접근을 소유보다 우위에 놓아 소비대상만이 아니라 소비방법까지 재창조하는 경제 모형"이라고 정의했다. 여기서 말하는 소비방법이 바로 온디맨드라고 할 수 있다.

공유경제, 특히 협력적 소비에서 온디맨드가 주목받는 것은 연결비용 때문이다. 연결이 쉬워지면서, 고객들이 자신의 자산을 활용하여 서비스나 제품을 다른 고객들에게 공유하는 비용이 급격히 감소했다. 그 결과 지금의 소비자들은 보다 능동적인 소비를 하며 시장을 주도하고 있다. 예를 들어, 과거의 여행은 여행사가 내놓은 패키지에 따라서 움직이거나 혹은 자유여행을 계획했어야 했다. 하지만 지금은 특정 시간과 장소만을 공지하고 이에 맞추어 사람들을 모집하여 여행경비를 낮출 수 있게 되었다. 연결이 쉬워지면서 고객들 스스로가 원하는 방식으로 협력적 소비를 할 수 있게 된 것이다.

협력적 소비의 확대

근대에서 협력적 소비의 기원을 찾는다면 산업혁명 시대에 노동자들이 조직한 협동조합을 들 수 있다. 대량의 물품을 공동

---

48) Cynthia A. Montgomery, James Weber, and Elizabeth Anne Watkins(2015.09.15.), "The On-Demand Economy", Harvard Business School

구매하여 보다 좋은 품질의 상품을 저렴한 가격에 구매함으로써 노동자들은 제한된 예산으로 소비의 효용을 극대화할 수 있었다. 현대로 넘어와서는 M Felson&JL Spaeth(1979)가 처음으로 'Collaborative Consumption'을 주제로 연구를 시작했다. 이후에 로렌스 레식 교수가 공유경제를 협력적 소비로 정의했다. 이후 레이첼 보츠먼에 이르러 협력적 소비에 대한 논의가 활발해지기 시작했다.

레이첼은 'We Generation'에서 협력적 소비를 크게 재분배 시장, 협력적 생활방식, 상품의 서비스 시스템으로 분류했다. 첫 번째로 재분배는 물질이 필요 없는 곳에서 필요한 곳으로 이동하는 것을 의미한다. 현재 대부분의 물질공유에 기반한 사업들이 이에 해당된다. 두 번째, 협력적 생활방식은 사람들의 행동방식의 변화를 지적했다. 기존의 개인 중심의 생활에서 다른 사람들과의 공동 작업을 활용하는 등의 변화를 말한다. 마지막으로 상품 서비스 시스템은 자산을 소유하는 대신 서비스를 취하는 것을 의미한다.

학계에서 협력적 소비가 활발히 논의되는 시점에서 산업계에서도 큰 변화가 나타났다. 다양한 산업에서 모바일화가 진행되면서 즉각적인 고객의 요구를 반영할 수 있는 시스템이 구축되었고, 이러한 흐름은 협력적 소비에도 영향을 주었다. 특히 O2O 커머스를 넘어서 오프라인과 온라인이 융합되는 O2O 융합경제에 들어서면서 물질적으로는 자원을 효율적으로 이용할 수 있고, 즉각적으로 활용할 수 있는 공유경제가 부상했다.

쓰지 않는 차를 남들에게 빌려주는 우버나 집카^{Zipcar}, 온라인 주거 공유인 에어비앤비, 그리고 온라인 물품 교환 사이트인 스왑트리^{Swaptree} 등은 협력적 소비의 대표적인 사례다. 이 외에도 더 이상 안 입게 된 아기 옷이나 아기용품, 남는 텃밭 등을 타인에게 빌려주거나 재능을 서로 바꾸어 쓰는 등 다양한 협력적 소비형태가 개발되고 있다.

우리나라에서도 새로운 공유의 문화를 확산하고 이를 우리 생활과 접목하는 다양한 프로젝트들이 진행되고 있다. 가령 개인이 사용하지 않는 물품들을 빌려주고 빌려 쓸 수 있게 중개해주는 여러 온라인 물물교환 사이트가 오픈되어 있다. 잘 입지 않는 정장을 청년구직자들에게 기증하거나 대여해주는 '열린 옷장', 오프라인과 온라인에서 함께 만드는 도서관을 표방하는 '국민도서관 책꽂이', 한국판 집카인 쏘카, 숙박 공유업체 코자자, 야놀자, 여기 어때 등이 그 예다.

협력적 소비와 지속가능한 사회

자본주의가 오늘날과 같은 경제적 번영을 가져온 이면에는 환경오염, 양극화, 물질만능주의, 과소비 등 많은 부작용이 자리하고 있다. 특히 2008년 금융위기는 자본주의의 문제점을 부각 시키면서 자본주의 하에서 과연 지속가능한 사회와 성장이 가능한가라는 의문점을 제기했다. 이후에 공동체와 환경의 중요성에 대한 자각이 크게 일면서 공유경제(협력적 소비)야말로 자본주의를 보완하고, 경제, 사회, 환경이 조화롭게 발전할 수 있는 지속성장 가능한 모델로 각광받고 있다.

세계 인구의 5% 정도인 미국은 세계 자원의 20%를 소모하고 있다.[49] 그래서 지금과 같은 인구수에서 인류가 미국인처럼 소비를 한다면 1.84개의 지구가 필요하며, 일본인처럼 소비를 한다면 1.64개의 지구가 필요하다(하원규, 2015). 그런데 문제는 인구의 수는 지속적으로 증가하고 있으며, 과거 개발도상국이었던 중국과 인도의 빠른 경제성장으로 인하여 인류는 점점 더 많은 양의 자원을 소모하고 있다는 점이다. 따라서 인류는 필연적으로 소비경제의 비효율성으로 인한 사회문제에 맞닥뜨릴 수밖에 없다. 대표적으로 미국에서는 음식물의 40%가 버려지고 있지만, 동시에 만성적으로 굶고 있는 인구가 1,600만 명에 달한다.[50]

인류 경제가 계속 성장하고, 과잉생산, 과잉소비에 의한 자원낭비와 환경파괴 문제를 풀고, 서로 믿고 배려하는 좀 더 나은 사회로 발전하기 위해서는 기존 경제 체제와 다른 공유경제라는 해법이 필요하다. 협력적 소비를 통하여 필요할 때, 필요한 만큼만 소유하는 방식으로 자원낭비 줄이고, 소유하고 있는 것을 나누면서 수익도 올릴 수 있다. 나누는 과정에서 사람들과의 신뢰를 형성하는 문화도 형성될 것이다. 단, 자원의 절약은 대부분의 경우 GDP의 감소와 연결된다는 점은 추후 상세히 다루고자 한다.

---

49) US Metro Economies, "Current and potential Green jobs in the US Economy"
50) 미국 농무부

관계의 공유 | 프로슈머, 개인화된 소비자

O2O 융합사회가 되면서 차차 협력적 소비를 넘어 개인화된 소비 욕구가 대두되었다. 개인화 욕구를 스스로 충족하는 사람, 즉 생산자와 소비자 역할을 동시에 하는 사람을 '프로슈머Prosumer' 혹은 '크레슈머Cresumer'라고 부르게 되었다. 이들은 문화 상품에서는 심미적 소비 성향을 띠며, 소비자의 안목, 선택, 기준이 상품 및 서비스에 영향을 미치게 되었다.

세리 터클은 'Alone together'라는 책을 통해 디지털 기기로 네트워크화 된 사회에서 항상 접속되어 있지만 늘 혼자인 개인에 대해 고찰이 필요하다고 주장한다. 이를 반영하듯 초연결사회가 도래하면서 생산자와 소비자의 역할을 동시에 수행하는 '생비자生費者'라는 개념도 등장했다. 여기에서 중요한 것은 생비자 혹은 프로슈머라는 개념은 집단지능에 의한 개인맞춤이라는 새로운 현상으로 설명되어야 한다는 점이다.

디지털 D.I.Y. 시대

과거 가내수공업시대의 소량 맞춤이 산업혁명을 거치면서 대량 규격화 되었고, 이제는 디지털 기술로 소셜맞춤의 시대로 진입하고 있다. 소셜맞춤에 있어서 형상은 3D프린터가, 지능은 오픈소스 하드웨어가, 기술은 인공지능과 가상현실이 적용되고 있다.

3D프린터는 상상할 수 있는 모든 형상을 눈앞에서 만든다. 과거 생각은 있어도 만들 수 있는 스킬이 없어 이루지 못한 물건을 누구든 만들 수 있는 시대가 도래한 것이다. 심지어는 디자인조차도 싱기버스[Thingiverse.com]와 같은 디자인 공유플랫폼을 통해서 공유되고 있다. 전체의 집단지능이 나를 위해서 지식을 모아 준다. 내가 만든 멋진 디자인을 싱기버스에 올려 누군가가 사용하면 나에게도 보상이 돌아온다. 과거에 비하여 1% 미만의 노력으로 원하는 디자인을 얻고 오랜 기술 연마 없이도 실제 물건을 만들 수 있게 된 것이다.

3D프린터가 형상을 제공한다면 오픈소스 하드웨어는 지능을 제공한다. 마이크로 컴퓨터를 설계하여 내장 프로그램을 만드는 것은 일반인들의 영역이 아니었다. 그러나 아두이노[aduino.com]와 같은 표준화된 오픈소스 하드웨어가 등장하면서 공유플랫폼에 올라가 있는 수많은 앱을 다운받아 그대로 혹은 취향에 맞게 약간 수정하면, 3D프린터가 만든 형상에 지능을 불어 넣을 수 있다. 가장 극적인 것은 메이커봇[makerbot.com]이 전개한 RepRap 프로젝트다. 이는 3D프린터를 3D프린터로 만드는 것이다. 3D프린터의 모든 부품이 싱기버스에 올라가 있고 이를 다운받아 3D프린터에 걸면 부품들이 인쇄되어 나온다. 여기에 오픈소스 아두이노의 프로그램을 다운받아 올리면 3D프린터가 만들어진다. 이 과정에서 자신이 원하는 기능을 추가하고, 자신이 원하는 디자인으로 변경할 수 있으며, 그 결과를 다

시 공유사이트에 올려놓을 수도 있다. 집단 공유 지능이 모두를 제조의 전문가로 승격시키고 있다.

소프트뱅크의 로봇 페퍼^{Pepper}는 인간을 이긴 왓슨 컴퓨터의 지능을 원격으로 연결하여 일본어로 노인들과 대화를 하고 있다. 서비스가 개인별 맞춤으로 제공되는 것이다. 3D프린터가 형상을, 오픈소스 하드웨어가 내재 지능을, 인터넷 원격 지능이 서비스를 맞춤화하는 것이다.

메타 기술과 더불어 공유경제는 모든 지식과 자원을 공유함으로써 인간 개개인의 능력을 증폭시킨다. 차별화된 모듈만 설계하면 나머지는 공유플랫폼에서 조달할 수 있다. 예를 들면, 로컬모터스닷컴$^{localmotors.com}$은 맞춤 차량을 제작하는 공유플랫폼이다. 숱한 차량의 부품들과 제작방법이 공유된다. 거대한 공유플랫폼을 활용하여 나만의 차량을 맞춤 제작할 수 있다. 물론 맞춤 제작한 작품을 팔수도 있고 부분 모듈을 다시 공유 사이트에 올릴 수도 있다. 이렇게 만들어진 디지털 DIY 제품들은 공유사이트를 통해서 거래된다. 대량생산이 아니고 대량맞춤의 제품들이 거래되는 엣시닷컴$^{Etsy.com}$과 같은 사이트들이 날로 늘어나고 있다. 제품이 아닌 작품을 거래하는 장터인 엣시닷컴이 기업가치 1조 달러가 넘는 유니콘 반열에 등장한 것이 의미하는 바는 크다. 한강변에는 이와 같이 제품이 아닌 자신의 작품을 거래하는 주말 장터도 열리고 있다. 한국의 아이디어스$^{Idus.me}$에서도 많은 여성들이 작품을 구매하고 있다. 한편, 전 세계적으로 주목받고 있는 메이크 운동은 생산자와 소비자가 결합되는 프로슈머^{Prosumer} 현상으로도 설명되는데, 역시 협력하는 개인이 작품을 만들고 작품이 다시 거래된다.

흥미로운 점은 지금까지 설명한 디지털 DIY가 홀론 현상의 일부라는 점이다. 개방 생태계에서 지식과 자원을 공유하여 나의 작품을 만들고 그 결과를 다시 모두와 공유한다. 부분의 혁신이 전체로 전파되고 전체의 지식과 자원이 부분에서 구현된다. 전체를 반영하는 생명체의 홀론^{Holon} 현상이 극적으로 디지털 DIY에서 발현되고 있는 것이다.

DIY 사회는 이제 가상현실과 결합되는 추세다. 각 가정에서 가구에 디지털 DIY의 진동기를 붙이고 나만의 가상현실로 들어갈 수도 있다. 가상현실 속에서 남들과 만날 수도 있을 것이다. 모두가 다르면서도 서로가 다시 융합되는 '홀론의 세상'이다. 지구 차원의 생명화가 진행되는 미래 디지털 사회의 모습이라고 할 수 있다.

Part 4

공유경제와 생산

혁신이 쉬워진 사회와 생산적 오픈소스

　GRP Partners에 따르면, 2000년 500만 달러에 달했던 실리콘밸리의 평균 창업비용이 2011년에는 0.1% 수준인 5천 달러로 감소되었다. 이러한 변화는 오픈소스, 클라우드 기술의 발달, 그리고 혁신플랫폼의 등장에 따른 것이다. 이 모든 것 덕분에 창업자는 핵심역량에만 집중할 수 있게 되었다. 창업 및 사업화 플랫폼들로 빠른 제품 개발과 실행이 가능해졌고, 시장플랫폼이 등장하면서 낮은 비용으로도 수익 창출이 가능하게 되었기 때문이다. 공유플랫폼을 이용하면 공동 작업 구간에서 필요한 도구 등을 공유하면서 추가적인 비용을 감소시킬 수도 있다. 심지어 창업에 필요한 기술조차도 스킬셰어와 같은 온라인 강의를 활용하여 익힐 수 있다(엘릭스 스테파니, 2015).

혁신이 쉬워진 사회

혁신비용의 격감 : **5M$ ➔ 5K$** (2000➔2011, GRP Partners)

10년 동안 창업비용은 **1/1000**로 줄어들었다.

Open Source
SW 혹은 HW의 제작자의 권리를 지키면서
원시 코드를 누구나 열람할 수 있도록 한 SW 혹은 라이선스

Cloud computing
인터넷 기반(cloud)의 컴퓨팅(computing) 기술
웹 상의 서버에 데이터를 공유하는 SW 서비스

혁신플랫폼
제조, 마케팅 및 유통 등의 창업단계를
도와줌으로써 쉬운창업이 가능하게 함

생산 관점에서 오픈소스가 활성화 되면서 IT 산업은 동일한 소프트웨어 모듈은 Github 등으로 공유하고 차별적 부분의 혁신에 집중하게 되었다. 가트너^{Gartner}가 2015년 7월부터 8월까지 2개월에 걸쳐 실시한 조사 결과, 전 세계 11개 국가 547개의 IT 기업 중 22%에 해당하는 기업이 업무 환경 전체에 오픈소스 소프트웨어를 사용하는 것으로 밝혀졌다. 또한, 부서와 프로젝트별로 오픈소스 소프트웨어를 사용하는 기업은 전체의 46%, 오픈소스 소프트웨어 도입에 앞서 장단점을 고려하고 있는 기업은 21%이며, 향후 1년 6개월 이내에 오픈소스 소프트웨어를 사용하는 기업의 비율이 전체의 30%에 육박할 것으로 예상했다. 추가적으로 가트너는 2010년까지 글로벌 2천개 기업의 75%에서 사용됐던 오픈소스 소프트웨어가 2016년에는 99%까지 확대되어 필수적인 소프트웨어 포트폴리오로 포함될 것으로 예측

하였으며, 비IT 기업 중 50%가 경쟁력을 갖추기 위한 비즈니스 전략으로 오픈소스를 활용할 것으로 전망했다.

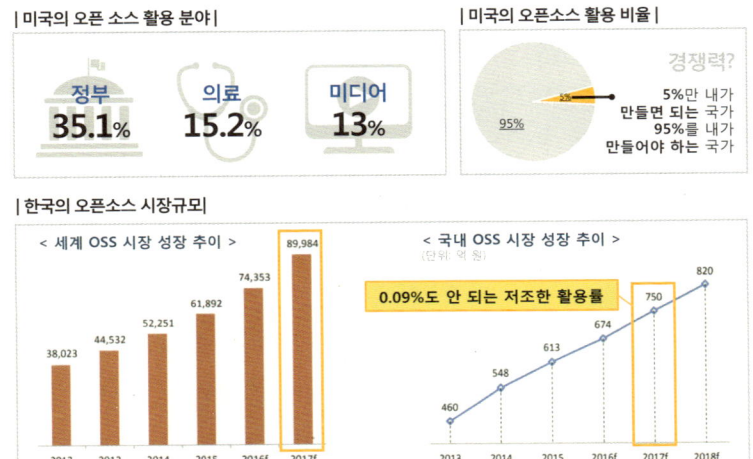

한국 SW 산업 경쟁력의 문제, 오픈소스 활용

그렇다면 왜 많은 기업들은 오픈소스를 활용하는 것일까? 구글과 페이스북은 Tensorflow, Bigsur 등을 공개해 공유를 통한 협력과 경쟁의 시대를 선언했고, 이는 인공지능 산업전체의 발전을 앞당겼다. 95%를 오픈소스로 활용하고 5%에 집중하는 기업과 95%를 모두 다 만드는 기업의 경쟁력에는 좁혀질 수 없는 근본적 차이가 발생할 수밖에 없다. 또한, 오픈소스는 데이터의 관리와 통합에도 유리하고, 업무에 필요한 방향으로 신속, 정확하게 애플리케이션을 개발해 적용 및 비즈니스 프로세스 개선과 리엔지니어링에서도 용이하다.

협력적 생산[51]

로컬모터스닷컴^{localmotors.com}은 맞춤 차량을 제작하는 공유플랫폼이다. 숱한 차량의 부품들과 제작방법이 공유된다. 거대한 공유플랫폼을 활용하여 나만의 차량을 맞춤 제작할 수 있다. 물론, 맞춤 제작한 작품을 팔 수도 있고, 부분 모듈을 다시 공유 사이트에 올릴 수도 있다. 혁신적인 아이디어만 있다면 누구나 시제품으로 만들 수 있도록 도와주는 이런 플랫폼들이 등장은 무엇을 의미하는가? 과거보다 훨씬 적은 노력으로 원하는 디자인을 얻고, 오랜 기술 연마 없이도 실제 물건을 만들 수 있다는 것이다.

미국의 테크숍은 '창의성 발현을 위한 개방형 제조플랫폼'으로서, 3D 프린터를 비롯한 첨단 제조설비를 저렴한 비용으로 마음껏 활용할 수 있는 기반을 제공하며 관련 교육 및 컨설팅, 회원 간 교류 등을 지원하고 있다. Shapeways도 아이디어를 3D 프린팅을 활용해 생산, 3D 프린팅제품, 디자인 파일을 거래할 수 있는 플랫폼으로, 플라스틱, 세라믹, 금속 등 다양한 재료들로 3D 프린팅 서비스를 제공한다.

또 쿼키^{Quirky}는 일반인이 제출한 아이디어를 커뮤니티 및 전문가의 협업을 통해 제품개발 및 서비스를 도와주는 '소셜 제품개발 플랫폼'이다. 수많은 혁신제품들을 출시하여 로열티 수

---

51) KCERN 18차 포럼 "하드웨어 스타트업"을 참조하여 작성

익과 제품매출을 주 수익원으로 삼고 있다. 그리고 참여 유도를 위하여 참여자의 영향 정도를 점수화하여 수익을 배분하는 영향도 보상시스템을 운영하고 있다. 아이디어 제출 및 평가의 품질관리를 위하여 아이디어 제출비 부과 및 평가 투표수의 제한도 두고 있다.

지금까지의 사례가 혁신적 아이디어를 통한 제품화에 관한 것이었으니, 자금조달 분야에서의 공유경제의 사례도 간략히 살펴보자. 공유경제의 대표적 자금조달 방식인 크라우드펀딩은 일반인들이 모여서 프로젝트에 같이 후원 또는 투자하는 모델이다. 한마디로 누구나 투자자가 될 수 있다. 구체적으로 후원을 받고자 하는 회사나 사람이 크라우드펀딩 플랫폼에 프로젝트(아이디어)를 올리고 최소의 금액과 모금기한을 정한다. 주어진 기간 동안에 후원 또는 투자하는 사람들에게는 특별한 서비스를 제공하거나, 생산된 제품의 가격을 할인해주는 등의 특혜를 준다. 후원하는 사람 입장에서는 해당 프로젝트가 진행될 수 있도록 더 많은 사람을 끌어들이기 위해 스스로 홍보에 나서기도 한다. 대표적인 크라우드펀딩 기업이 킥스타터(Kick Starter)이다. 킥스타터는 모금 프로젝트의 35.8%가 모금에 성공했으며[52], 공공부문에서도 활용이 증가되는 추세이다.

이외에도 데이터 분석상의 문제를 해결하는 Kaggle, 문제에 직면한 기업, 정부와 문제를 해결해줄 수 있는 전문가를 연결

---

[52] Kickstarter(2017), "Stats" https://www.kickstarter.com/help/stats

해주는 이노센티브 등이 개방과 공유를 통한 혁신을 가능케 하는 플랫폼이다.

산업플랫폼의 등장과 협력적 프로세스 공유

산업플랫폼은 산업 내 개별 기업들의 공통요소를 추출하고 공유하여 효율과 혁신을 향상시키는 것을 목표로 한다. 플랫폼의 양대 요소는 공통 요소^{Component}와 공유의 룰^{Rule}이다. 우선 공통 요소는 1) 데이터와 소프트웨어 2) 시장과 고객 3) 공통 설비로 구성될 것이다. 공유의 룰은 1) 요소의 접근 방법 2) 비용과 수익의 배분 방법으로 대별될 것이다. 산업별로 이러한 요소와 룰을 잘 만들어 가는 것이 국가 산업 경쟁력 향상의 가장 효과적인 대안이다. 이제는 경쟁보다 협력이 핵심역량이 된다.

플랫폼을 연결하는 수단으로 산업인터넷이란 개념이 등장했는데, GE의 프리딕스^{Predix}와 지멘스의 마인드스피어^{Mindsphere}가 대표적인 산업인터넷이다. GE의 프리딕스는 산업 분석 소프트웨어의 개방 공유를 내세워 300개 이상의 기업들을 참여시켰다. 지멘스의 마인드스피어에는 독일의 인더스트리4.0 현장 구축의 강점을 바탕으로 100여 개 기업들이 참여하고 있다. 기본적으로 산업 현장에서 만나는 숱한 공통적 문제에 대한 해결책들을 클라우드에서 공유하자는 것이다. 예를 들어, 정교한 품질 불량 분석과 예측 프로그램을 개별적으로 개발하는 것이 아니라, 개방 공유하자는 것이다. 물론 개별 기업의 데이터와 독자적인 소프트웨어의 보안은 컨테이너라는 개념으로 완벽히 제공되고 있다. 국내에서도 정보화진흥원이 파스타$^{PaaS-Ta}$라는 이름으로 산업인터넷을 추진하고 있으나, 아직 임계규모에 다다르지 못하는 실정이다.

프리 에이전트$^{Free\ Agent}$와 긱 경제$^{Gig\ Economy}$

자유로운 직업인 프리 에이전트$^{Free\ Agent}$는 일자리가 분해되어 일거리로 변모하는 4차 산업혁명의 대표적인 일의 변화 형태다.

또 프리에이전트가 초연결 평판 구조로 효율화된 것이 긱 이코노미라고 할 수 있다. 미국의 여론조사기관 퓨리서치센터$^{Pew\ Research\ Center}$에서 4,787명의 미국 성인을 대상으로 실시한 여론조사에 따르면, 응답자의 89%가 'Gig Economy'란 단어에 친숙치 않다고 답변했다.[53] 하지만 연간 가정소득 10만 달러 이상의 미국인 중 41% 가량은 네 개 혹은 더 많은 긱 경제 서비스를 사용해본 경험이 있다고 밝혔다. 이는 연간 가정소득 3만 달러 미만의 가정보다 3배 이상 많은 수치이다.[54] Amazon의 Mechanical Turk, TaskRabbit, Fiverr와 같은 온라인 서비스들이 나타면서 노동 수요 측과 제공자가 단기간 이벤트로도

---

53) Smith, Aaron(2016.05.19.), "Shared, Collaborative and On Demand: The New Digital Economy", Pew Research Center
54) CNBC, Wee, Heesun(2016.05.19), "Almost 90% of Americans don't know what 'gig economy' is"

쉽게 이어지고 있다. 그 결과 계약직 또는 정규직으로 계약을 맺는 방식이 아닌, 일거리를 통해 서로 연결시켜주는 노동시장으로 변하고 있다. 즉 미국의 새로운 일자리는 프리 에이전트로 나타나고 있는 것이다.

프리 에이전트는 일자리가 일거리로 분해된 놋 워킹$^{Knot\ Working}$을 통하여 초연결 일자리를 만들게 된다. 이때 긱 플랫폼의 역할이 4차 산업혁명의 핵심 인프라가 될 것이다.

프리 에이전트와 기존 프리랜서와의 차이점

김범수 카카오 의장은 "긱 이코노미는 이른바 알바와 다르다. 알바는 잘리면 다음 일자리를 구할 때까지 불확실성이 있지만, 긱 이코노미는 일자리가 조각조각나서 항상 접속할 수 있다."라고 밝히며, 한국도 미래에는 미국의 긱 경제처럼 변할 수 있다고 보았다.[55] 카카오는 택시, 대리운전, 가사도우미 등의 직업 종사자와 소비자를 O2O 사업으로 연결하여 양쪽 모두 만족을 시키려고 계획하고 있다.

현재 대다수의 긱 직업은 배달과 개인적인 용무적인 일들과 같은 저임금 및 낮은 수준의 직업으로 이루어져있다. 또 기존의 프리랜서는 위임자에게서 사무의 처리를 위탁받아 승낙을 하면, 자기의 재량에 의하여 독자적으로 위임사무를 처리한다. 긱 직업이 프리랜서 정의와 유사하다고 느끼는 사람들이 많은데 그렇지 않다. 미국과학자연맹$^{FAS\cdot Federation\ of\ American\ Scientists}$의

---

55) 매일경제(2016.06.12.), "김범수 카카오 의장 "O2O서비스 통해 골목상권도 살릴 것""

2016년 2월 보고서[56]에서 서술한 프리 에이전트와 프리랜서와 세 가지 주요 차이는 다음과 같다.

1. **온디맨드 회사들이 수임료의 일부를 받는다.**

   수수료(Commission)의 형태로 수임료의 일부를 받으며, 수임료의 일정 비율을 받거나 복잡한 모형을 적용하기도 한다. Lyft의 경우 몇몇 활발한 운전서비스 종사자에게 20%의 수수료 중 일부를 돌려준다.

2. **온디맨드 회사들이 브랜드를 관리한다.**

   회사의 기준에 따라 다르지만 계약자가 일정 기준이상의 전문성과 품질의 서비스 제공을 해야 하며, 그러지 않을 경우 회사 측에서 계약을 파기할 수 있다.

3. **온디맨드 회사들이 수요자-제공자 관계를 관리한다.**

   Upwork의 경우 서비스 제공자는 고객과 우회적으로 만나서는 절대 안 된다는 조항(non-circumvention clause)을 서비스 계약서에 첨부했다.

---

56) 미국과학자연맹(FAS: Federation of American Scientists). "What does the Gig Economy Mean for Workers?"(2016.02.05.)

Part 5

공유경제와 시장

　현재까지는 대부분의 공유경제의 시장이 온라인에 기반을 두고 있다. 현실에서는 오프라인의 시장 규모가 온라인 시장의 20배 이상 차이가 나기 때문에, 대부분이 거래의 중심은 오프라인에 있다고 볼 수 있다. 하지만 스마트폰 등의 영향으로 O2O 시장이 급속도로 성장하고 O2O 플랫폼이 등장하고 있다. 공유와 소유가 혼재되어 있는 O2O 융합시장이 빠르게 성장할 것으로 보인다.[57]

---

[57] O2O 시장의 성장을 추론할 수 있는 통계는 바로 모바일 결제시장이다. 모바일 결제의 핵심이 On-Demand임을 고려한다면 O2O 융합과 공유경제 시장을 예측할 수 있다. 가트너의 조사에 따르면 2011년부터 2016년까지 모바일 결제는 42.2%씩 성장하여 거래액은 6,169억 달러, 이용자는 4억 4,793만 명에 달한 것으로 조사되었다.

온·오프라인 시장과 O2O 융합

	Online	O2O 융합	Offline
공유	비중 **높음**	소유와 공유의 **혼재**	비중 **낮음** (협동조합)
소유	비중 **낮음**		비중 **높음**
연결비용	낮음 (← 플랫폼 출현)	O2O 플랫폼	높음

기술혁신과 시장의 변화

과거의 시장은 유통구조가 매우 복잡했다. Stigler(1961)가 'The Economics of Information'에서 밝힌 것처럼 자동차 판매상의 중고차 판매가격은 다양한 분포를 가지고 있었다. 즉, 경제학에서 설명하는 같은 재화가 같은 가격을 가진다는 일물일가의 법칙이 현실에서는 적용되지 않는다는 증명했다. Stigler는 소비자들이 이러한 상황을 인지하고 있으며, 따라서 시장에서 자신에게 가장 유리한 조건을 찾으며 이를 탐색Search 이라고 불렀다. 그러나 3차 산업혁명의 영향으로 연결비용이 급감하면서 탐색비용이 감소했다. 여기에 인공지능의 출현으로 소비자의 선택비용까지도 감소하게 되었다.

이러한 시장의 변화는 유통과정을 단순화하면서 효율적 거래를 가능케 한다. 또한, 인공지능을 중심으로 한 다양한 기술의 융합으로 개인별 맞춤 서비스가 제공된다. 따라서 각각의 소비자들은 효율성을 중심으로 자신의 개성에 맞는 제품과 서비스를 선택할 수 있게 되었다. 이러한 소비의 변화로 인하여 기업들의 경영전략에도 변화가 발생했다. 대중적인 기호에 맞는 제품과 서비스로는 더 이상 경쟁력을 가질 수 없게 된 것이다.

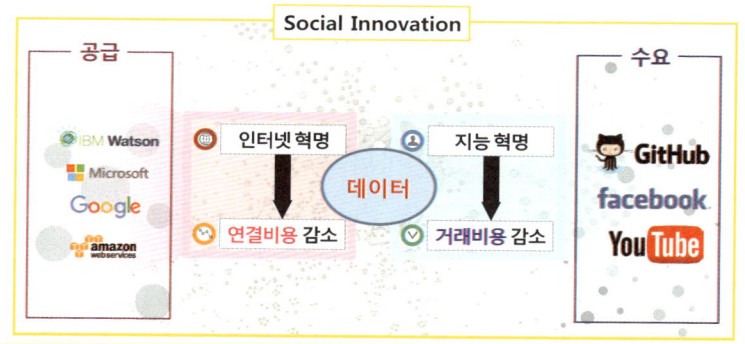

기술혁신과 시장의 변화

소유경제(파레토) vs. 공유경제(롱테일)

오프라인에서 한정된 자원으로 높은 생산성을 창출하려면 소비자의 모든 욕구를 만족시키는 일은 불가능에 가까웠다. 따라서 전체 결과의 80%에 영향을 줄 수 있는 20%에 집중하는 파레토 법칙이 오프라인을 지배했다. 그러나 공유경제 플랫폼을 통하여 많은 사람이 참여하면서 공유경제는 다양성이라는 특성을 갖게 되었다. 공유경제 플랫폼은 다양한 소비자들의 욕구를 충족시키기 위한 롱테일 전략이 필요하다.

롱테일 전략은 과거 파레토 법칙에서 무시하였던 80%가 경제적으로 의미가 있다는 점에 주목한다. 여기에는 인터넷과 물류기술의 발달이 배경이 된다. 대표적으로 아마존의 다양한 서적 판매와 넷플릭스의 소수 영화 콘텐츠의 제공이 있다. 인터넷상에서는 전시 및 상영 공간의 제약을 받지 않는다. 서가에 비치되지도 않은 책들, 극장가에서 상영 중이지 않은 영화까지 모두 소개할 수 있는 등 전시비용이나 물류비용이 매우 저렴해져서 유통구조가 혁신된다. 소비자들은 검색을 통하여 자신이 원하는 상품 정보를 찾을 뿐 아니라 다른 소비자들과 소통하여 제품에 대한 다양한 정보를 공유할 수 있게 됨으로써 선택의 폭이 크게 확대된다.

이와 같은 공유플랫폼이 등장하자, 기업들이 롱테일 전략을 취함으로써 소비자들은 이전보다 다양한 선택을 저렴한 가격으로 선택할 수 있게 되었다.

연결비용의 급감과 함께 등장한 공유경제 플랫폼으로, 시장은 공급자가 중심이 되는 단일화 시장에서 소비자가 중심이 되는 다양화 시장이 되었다. 당연히 소비자들의 삶의 질 또한 향상되었다.

공유경제와 O2O 플랫폼

 기술의 혁신으로 시장이 변화하고 경제에서도 소유보다는 공유, 파레토 법칙이 아니라 롱테일 법칙이 적용되면서 O2O 플랫폼의 중요성은 더욱 커지고 있다.

연결비용을 급격히 낮춘 인터넷 혁명, 교통의 발달로 인하여 물류비용이 급격히 낮아지고 있다. 심지어 최근에는 인공지능 기술과 물류가 결합하여 새로운 변화까지 나타나고 있다. 이미 아마존에서는 빅데이터를 활용하여 주문→재고→유통까지 하나로 통합한 주문이행센터^{Fulfillment}를 고안하여, 사전에 고객의 주문을 예측하고 배송하기 시작했다. 물류 시스템의 발전은 O2O 플랫폼을 더욱 빠르게 성장시키면서 공유경제의 확장에 기여하고 있다.

최근에는 공유경제형 택배 서비스도 나타나고 있다. 실리콘밸리의 인스타카트^{Instacart}는 소비자가 식료품을 주문하면, 쇼퍼^{Shopper}라는 직원이 이용자가 지정한 슈퍼마켓에서 상품을 구매하여 이용자에게 배송한다. 마트 당일배송이 발달한 국가에서는 이러한 서비스의 성장이 의아할 수도 있다. 그러나 인스타카트는 직원들이 원하는 시간대를 선택하는 유연성이 장점으로 작용하면서 사회활동 그 자체에 의미를 두는 고학력 쇼퍼도 있다. 이런 점은 이용자에게 높은 신뢰감을 주고, 기존의 택배 서비스와는 차이가 있다(박종훈, 2015).[58]

공유경제는 앞으로 O2O 융합시장과 오프라인 시장에서도 그 영역을 넓힐 것이고, 이러한 흐름의 중심에는 O2O 플랫폼이 존재할 것으로 예상된다.

---

58) 박종훈(2015), "VC들이 주목하는 인공지능 기반 공유경제형 택배 서비스"

O2O 플랫폼과 공유경제의 확장

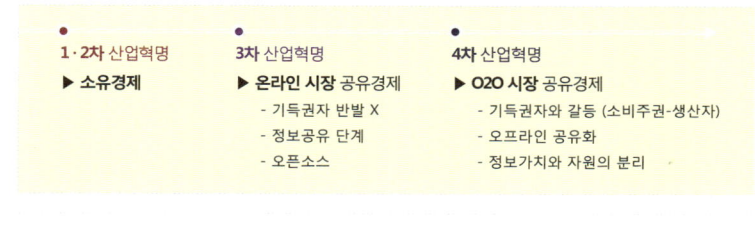

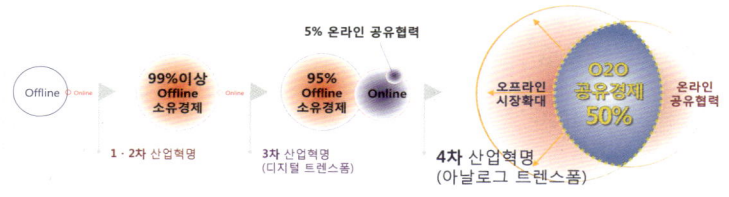

공유경제와 긱 플랫폼

인간의 일거리의 연결 시장이 바로 Gig Economy를 연결하는 Gig Platform이다. 2010년 10월, 미국 재무관리 소프트웨어 기업인 인튜이트(Intuit)는 2020 보고서에서 2020년까지 미국 노동자의 40%가 독립적으로 일할 것을 예견했다. 즉, 상당수의 사람들이 자유롭게 근무한다는 것이다. 이들은 리프트에서 운전을 하고, 태스크래빗에서 자신이 잘 할 수 있는 일을 필요한 사람에게 제공하고, 자신의 집에서 남는 공간을 에어비앤비를 통해 대여해 준다.

긱 경제에서의 소유권에서 접근권으로 전환

제레미 리프킨은 공유경제 사회에서 소유하기보다 공유를 통한 접근을 선호하는 현상을 이렇게 설명했다. "사용자는 장기적 소유권에 비해 훨씬 저렴한 비용으로 단기적 접근권을 보장받는 이득을 누린다."[59] 기존의 고용계약은 고용주가 피고용자에게 고용계약으로 임금·보수와 취업 안정성을 주며, 대신 피고용자는 지휘·명령을 통해 비자주적인 노동을 제공한다.

그런데 피고용자의 시간을 소유하는 개념의 기존 고용 계약을 기업들이 꺼려하는 현상이 나타나기 시작했다. 그리고 이것은 긱 경제의 성장에 영향을 끼쳤다. 여론조사 기업 갤럽 회장인 짐 클리프턴Jim Clifton은 기존의 대기업들이 일자리 창출로 이어지지 않는 이유를 다음과 같이 설명했다.

"경쟁업체들을 인수하고 중복 투자를 줄여나감으로써 일자리가 줄어들고 있기 때문에, 이것은 나쁜 현상이 아니다. 사실 이로 인해 경제는 보다 건강해질 것이다. 대기업들은 서로 상대방 집단을 도태시키며, 대자연의 생존법칙을 지켜나가고 있다. 상대방 집단을 도태시키는 것은 경제 건강에 이로운 일이지만, 그것이 새로운 일자리를 창출하지는 못한다.(클리프턴 93-94)"[60]

시장과 경제의 변화에 따라 기업의 경영상황도 달라진다. 때문에 기업은 고용하는 인력규모도 유연하게 관리하려 한다. 또한, 경쟁에 도태되는 '상대방 집단'은 인사 정리를 통해 구조조정을 하거나 인수될 것이다. 고용 후 해고라는 리스크를 피하기

---

59) 제레미 리프킨(2014), "한계비용 제로의 사회", p.388
60) 짐 클리프턴(2015), "일자리 전쟁", p.95

위해 회사들은 더욱 더 비정규직으로 채우려하며, 단순 업무는 프리랜서 또는 긱 경제로 돌린다. 전통적인 근로 수요자인 기업이 더 이상 새로운 일자리를 창출하지 못하는 고용시장 문제를 풀 수 있는 실마리는 이제 공급자인 개인에게로 넘어갔다.

기업들이 고용을 꺼려할 때 개인들은 능동적으로 움직이고 긱 경제도 확장해간다. 짐 클리프턴은 또 기업이 일자리를 창출하지 못하는 문제에 대해 다음과 같이 언급했다.

> "개개인이 바로 세계 경제라는 것이다… 사람들의 일상적인 모든 의사결정이 경제이다. 당신과 나, 그리고 다른 모든 이의 모든 의사결정과 선택이 경제인 것이다. 하나로 연결되어 있는 사람들의 의식을 기반으로, 그 위에서 경제가 흥망을 거듭하고 있는 것이다.(클리프턴 96)"

짐 클리프턴이 주장한 바와 같이 긱 경제 플랫폼 기업에서 활동하는 모든 긱 직종 종사자들은 자의로 플랫폼 기업에 가입하여 자신의 능력과 경력을 마케팅하며 작업을 따내는 경제적 활동을 한다. 한 명, 한 명의 능동적인 종사자들이 공통의 플랫폼에 모이면 단기 작업 수요자들은 그 플랫폼에서 쉽게 공급자를 찾아 시간과 비용을 아낄 수 있게 된다. 그러면서 점점 긱 경제가 커지는 효과가 발생하는 것이다.

긱 종사자들은 또한 플랫폼을 이용하여 자신이 상주하는 지역에서만 일해야 한다는 지리적 한계를 뛰어넘을 수 있다. 세계의 모든 수요자들에게 접근이 가능하게 되면서, 개인이 능동적으로 수요자에게 찾아가며 스스로 일거리를 창출해나간다.

단기적으로 처리해야할 업무를 가진 소비자는 우버와 아마존의 Mechanical Turk와 같은 긱 경제 플랫폼을 통해 신속하고도 낮은 비용으로 적합한 노동자를 찾을 수 있게 되었다. 또한, 용역 제공자는 자신이 할 수 있으며, 원하는 업무를 재화 등에 관한 조건에 맞으면 계약을 맺고 제공할 수 있다. 플랫폼을 통해 공유되는 가능한 단기업무 정보는 플랫폼 가입자인 긱 종사자들에게 공평하게 기회를 제공하며 많은 기회를 얻게 되어 소득 증대 기회를 얻게 된다. 이를 두고 뉴욕대의 경제학자 아룬 순다라라잔 Arun Sundararajan 교수는 '경제적 기회의 민주화 Democratization of Economic Opportunity'[61]라고 부른다. 또한, 그는 "당신 스스로의 대표가 되는 것에 자율권이 주어진다. 올바른 마음가짐을 갖고 있다면, 워크-라이프 균형 성취를 더 잘 할 수 있다."라며 긱 직종의 장점을 설명했다.[62]

---

61) a16z Podcast, "An Economics Take on the Sharing Economy", SOUNDCLOUD (2016.07.17.)
62) Sybdararajan, Arun, the Guardian "The 'gig economy' is coming. What will it mean for work?" (2015.07.26.)

SHARING PLATFORM ECONOMY

제3장

공유경제의 수단, 플랫폼

PART 1 | 공유경제는 플랫폼 경제
PART 2 | 플랫폼 현상의 본질
PART 3 | 공유경제 패러독스와 플랫폼
PART 4 | 혁신과 공유플랫폼
PART 5 | 공유플랫폼 기업 사례

Part 1

공유경제는 플랫폼 경제

플랫폼은 원래 기차 승강장이다. 동일한 기차역에서 우리는 부산도 가고, 광주도 간다. 기차의 노선은 다르나, 플랫폼의 역할은 동일하다. 새로운 노선을 만들 때마다 승강장을 다시 새로 만들 수고는 반복할 필요가 없어진다.

플랫폼과 인수분해

필자는 플랫폼을 설명하는 가장 쉬운 예로 인수분해를 들고 있다. 인수분해를 통하여 반복되는 X를 절약하여 효율을 올릴 수 있다. 여기에서 X는 공통역량, 개별적인 a, b, c는 핵심 차별화 역량이 된다. $aX+bX+cX=(a+b+c)X$로 인수분해하면, 3개의 X를 한 개로 대체하여 두 개의 X 비용을 줄일 수 있다. 예를 들어 공항을 공유하면 비행기 노선마다 공항을 새로 만들 필요가 없으므로 d, e라는 새로운 노선을 만들 경우 X인 공항을 만들지 않아도 된다. 이렇게 반복되는 공통 역량을 공유하면 효율도 높아지고, 새로운 혁신도 쉬워진다. 그러므로 플랫폼은 상호 배타적인 성격을 갖는 혁신과 효율이 결합하는 대안이 된다.

공통 역량을 공유하는 플랫폼 구조

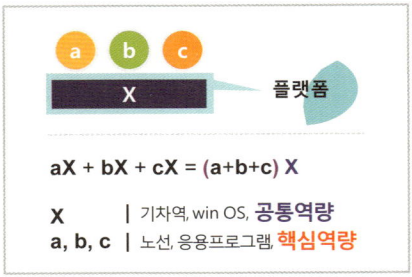

$aX + bX + cX = (a+b+c)X$

X | 기차역, win OS, **공통역량**
a, b, c | 노선, 응용프로그램, **핵심역량**

그런데,
( )의 비용이 X보다
비싸다면?

그렇다면 그동안 플랫폼이 확산되지 못했던 이유는 뭘까? 답은 거래비용, 즉 연결비용이다. 그림에서 ( )인 괄호의 비용이다. 만약 괄호의 비용이 X보다 크다면 인수분해의 이득은 없게 된다. 연결비용(거래비용)이 높은 오프라인 세상에서 플랫폼의 형성은 부진할 수밖에 없다. 그러나 인터넷의 발달로 연결비용이 한계비용 제로화되면서 플랫폼이 급속도로 확산되었다. 1960년 노벨상을 받은 코즈의 이론에 따르면, 거래비용이 줄어들면 시스템은 최적화된다.

플랫폼은 이제 스마트 혁명의 에너지를 받아 폭발적인 성장을 하고 있다. 플랫폼은 정보에서 인간과 소비를 거쳐 생산 단계까지 확대되고 있다. 그 결과 공유경제도 KCERN의 큐브 모델의 9가지 형태로 진화하고 있다.

정리해 보면 플랫폼이란 1) 반복되는 공통 역량을 공유하고, 2) 공유로 얻어지는 효율을 분배하여, 3) 개별 사업자는 혁신역량에 집중할 수 있게 하는 기업 생태계이다. 이와 같이 플랫폼은 공유와 협력을 위한 표준과 룰이 있는 체계화된 공간이다.

오프라인 세상에서는 공유를 위한 연결비용이 만만치 않았다. 스마트폰 이전을 생각해 보면, 한국의 모바일 업체는 글로벌 시장을 개척하기 위해 고군분투했다. 전 세계 수많은 통신사업자들에 하나부터 열까지 개별 맞춤 서비스를 하는 것이 얼마나 힘들겠는가. 그런데 이제는 달라졌다. 앱스토어와 구글플레이에 올리면 끝난다. 이것이 바로 플랫폼이 가져온 거대한 혁명이다. 업체들은 글로벌 시장개척에 투자할 엄청난 시간과 자원을 이제 창조적인 개발에 집중하면 된다. 결과적으로 플랫폼은 제공자와 개발자 모두에게 윈-윈이 되는 결과를 만들어낸다.

공유경제는 '혁신과 효율이 융합하는 경제'가 돼야 하는데 그것을 가능하게 하는 것이 바로 플랫폼이다. 플랫폼을 통해 공급자는 핵심역량에 집중할 수 있고 사용자는 저비용·고효율의 제품과 서비스를 공급받는다. 결과적으로 공유경제, 플랫폼 경제에서는 사회 전체의 후생이 증대되는 구조를 이룬다.

Part 2

플랫폼 현상의 본질

미국의 기업가치 상위 10대 기업의 순위는 지난 10년 사이에 상전벽해가 되었다. 2005년에는 마이크로소프트 하나만이 플랫폼 기업이었으나, 10년 후에는 60%가 플랫폼 기업으로 바뀐 것이다. 경제의 중심이 자원에서 연결 플랫폼으로 전환되고 있다는 증거다. 거대 스타트업들인 유니콘 기업들도 70%가 플랫폼 기반의 공유경제 기업들이다.

3차 산업혁명이 탄생시킨 온라인 플랫폼 기업들은 '현실과 가상이 융합하는' 4차 산업혁명, 인공지능 기반의 O2O 플랫폼을 거쳐 산업플랫폼으로 급속히 진화하고 있다. 플랫폼을 통한 공유경제에 대한 본원적 접근이 미래를 보는 혜안을 제공할 것이다.

플랫폼의 부상으로 가벼운 창업시대 개막

플랫폼의 개념과 전략은 과거 기차역·공항, 증권거래소, 부동산 중개업소, 패션몰, 신용카드 등에서 활용되어왔다. 그러다가 연결비용의 제로화에 따라, 개방과 공유를 핵심으로 하는 기업의 혁신을 주도하는 주요 전략으로 부상하고 있다.

플랫폼이라는 용어는 매우 포괄적이라 유·무형, 온·오프라인의 경계를 넘어 사용된다. 철도 플랫폼(승하차) 뿐 아니라 원유 플랫폼(원유 시추), 우주선 플랫폼(발사대), 자동차 플랫폼, 전자제품 플랫폼, 방문서비스 네트워크 및 상품 거래나 응용 프로그램을 개발할 수 있는 인프라로도 사용되어왔다. 또한, 온라인 쇼핑몰, 운영체제^{OS}, 앱스토어$^{App\ Store}$와 정치, 사회, 문화적 합의나 규칙인 정당의 강령, 정견 등도 있다.

컴퓨터 업계에서는 OS(운영체제)와 같이 '컴퓨터·시스템의 기반이 되는 HW나 SW'를 플랫폼으로 본다. 온라인 플랫폼의 경우 과거에는 주로 인터넷 접속 인프라를 제공해주는 ISP$^{Internet\ Service\ Provider}$를 온라인 플랫폼 비즈니스 업체라고 부르다가, 인터넷 서비스를 종합적으로 제공하는 포털사이트가 등장하면서 중개, 소셜 커뮤니티, 오픈마켓 등의 연결의 기능을 담당하는 플랫폼 비즈니스가 부상했다.

IT 산업에서는 구글과 애플의 앱스토어 플랫폼 경쟁과 MS,

아마존, 알리바바 등 거대 글로벌 기업이 플랫폼 생태계를 형성하며 산업 주도권 경쟁이 이어지고 있다. 월마트, 스타벅스 등 글로벌 기업도 자사의 핵심 자산을 개방하면서 플랫폼화를 진행하고 있으며, 국내 카드사, 통신사 등을 비롯한 웅진코웨이와 같은 유통망 보유 기업도 기업의 핵심 전략으로 '플랫폼'을 주요 화두로 제시하고 있다.

보는 관점에 따라서 공학적 관점, 경영학적 관점, 비즈니스적 관점에 따라서도 분석할 수 있는데, 특히 경영학에서는 '양면 플랫폼' 이론의 연구자인 아이젠만(Eisenmann)은 '상이한 두 고객 그룹을 서로 연결하여 네트워크를 구축하고 거래 등이 성사되도록 하는 플랫폼'을 정의한 바 있다.

플랫폼이란 공통 사양 혹은 자원의 공유를 위한 체계적인 온·오프라인 공간이자 다양한 참여자들이 모여 네트워크 효과를 통한 가치창출이 일어나게 하는 장이다. 플랫폼은 인프라 및 장비 등을 공유함으로써 참여자들의 효율을 극대화하는 기능과 참여자 간의 거래 및 활동을 연결하는 기능이 복합되어 있다. 플랫폼은 또 공유와 협력의 표준과 룰이 있는 체계화된 공간으로, 반복되는 공통 역량을 공유하고, 공유로 얻어지는 효율을 분배하여 개별 사업자는 혁신 역량에 집중하는 기업 생태계이다(KCERN, 2015). 반복되는 요소를 공유하면 비용을 줄여 효율을 높일 수 있다. 반복되는 요소를 재사용할 수 있으면 새로운 혁신이 촉진된다.

플랫폼의 진화 방향

이번에는 플랫폼이 구체적으로 어떤 형태로 진화하고 있는지를 한번 살펴보자. 먼저 기업의 활동은 혁신을 하는 '핵심역량'과 효율을 만드는 '시장역량'의 결합으로 정의할 수 있다. 플랫폼 역시 '혁신플랫폼'과 '시장플랫폼'이라는 두 가지 방향으로 발전하고 있다.

혁신플랫폼은 아이디어를 얻는 단계, 지식재산권을 탐색하는 단계, 시제품을 만드는 단계, 자금조달 단계, 대량 생산/서비스 단계, 소비자 개선 단계 등 다단계에 걸쳐 새롭게 태어나고 있다. 아이디어 플랫폼인 쿼키Quirkey, 지재권을 연결하는 9시그마, 시제품을 지원하는 테크숍Techshop, 초기자금의 크라우드펀딩인 킥스타터Kickstarter, 대량 생산을 위한 폭스콘Foxcon 등이 제품·서비스의 개발을 획기적으로 쉽게 만들고 있다. GRP 파트너스 보고서에 따르면 이들은 제품·서비스의 개발 비용을 1/1000로 감소시켰다.

시장플랫폼은 제품·서비스의 글로벌 시장진입 비용을 획기적으로 줄이고 있다. 앱스토어, 아마존, 알리바바, 유튜브, 페이스북과 같은 것들이 대표적인 예이다. 과거에는 게임의 세계 시장개척 비용이 제품개발 비용의 몇 배에 달했으나, 이제는 앱스토어에 올리면 끝이다. 창조와 시장플랫폼의 결합이 갖는 힘은 창업비용을 믿지 못할 수준으로 줄였다.

2000년도에 500만 달러에 달했던 실리콘밸리의 평균 창업 비용은 이제 0.1% 수준인 5,000달러로 줄었다. 게임과 같은 온라인 콘텐츠 사업이 아닌, 물건을 파는 업체들도 알리바바와 아마존과 같은 O2O 플랫폼이 등장하면서 글로벌 시장 진입이 쉬워졌다.

또한, 과거 5백만 달러를 투자해야 했던 것을 5000달러만 투자하여 창업을 할 수 있으니 이제 창업을 위해서 꼭 비장한 각오를 할 필요가 없다. 아이디어만 있다면 재미로 창업할 수 있는 '가벼운 창업'의 시대가 열리고 있는 셈이다. 처음부터 큰 기업을 만들지 않아도 플랫폼과 결합해 진화해 가는 방법이 있다는 것도 희망적인 소식이다. 창조성이 돈이 되는 공유경제 시대에는, 창조성을 가진 작은 벤처들은 효율을 갖춘 거대 플랫폼과의 결합으로 진화할 수 있다. 대형 플랫폼은 시장효율을 제공하고 작은 앱 개발자들은 혁신을 제공하면 되기 때문이다.

롱테일 법칙과 빅 플랫폼의 등장

코즈는 "민간경제의 주체들이 자원의 배분 과정에서 아무런 비용을 치르지 않고 협상을 할 수 있다면, 외부효과로 인해 초래되는 비효율성을 시장에서 그들 스스로 해결할 수 있다."라고 했다. 즉, 시장 거래비용이 축소될수록 전체 시장은 시장 주체들에 의해 스스로 효율화된다.

스마트폰으로 대표되는 네트워크 접속기기를 통해 언제나 어디서나 원하는 정보에 연결할 수 있게 되면서, 연결에 대한 비용이 대폭 감소했다. 이로 인해 기존 경제학의 수요 법칙으로는 설명하기 어려운 현상이 발생했다. 바로 롱테일 현상이다.

'롱테일 경제'란 기존의 잘 팔리는 상위 20%의 상품이 시장을 지배하는 현상에서 벗어나 다양성을 갖춘 수요자 중심의 상품이 대세가 되는 현상을 말한다. 이는 "결과물의 80%는 20%에 의하여 생산된다."라는 파레토 법칙에 반하여 80%의 비주류의 니즈 혹은 가치창출이 20%의 그것보다 크다는 원리이다.

공유경제의 혁신과 효율

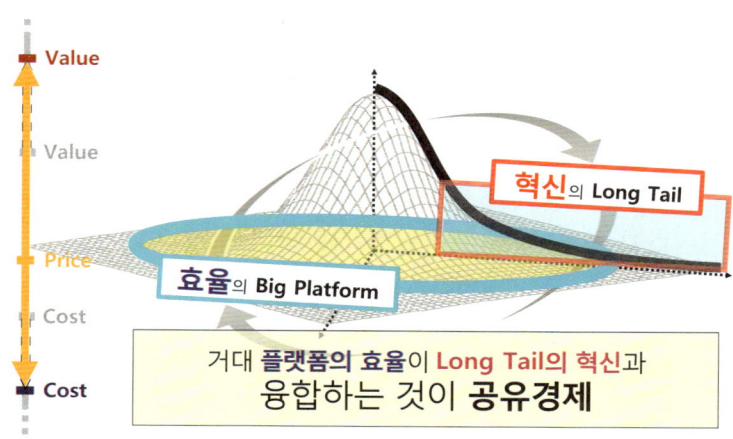

롱테일Longtail 경제에서는 유통에서의 비효율을 극소화시킴으로서, 다품종소량 생산·유통 혹은 P2P 시장 등 다양하고 창의

적인 거래가 가능하게 되었다. 구글, 아마존, 알리바바 등 거대 플랫폼 기업들은 이러한 롱테일 영역을 뒷받침하면서 성장하였고, 동시에 거대 플랫폼의 효율 위에서 롱테일 영역의 다양한 혁신기업들이 나타난다.

한 예로, 필자가 영어로 쓴 두 권의 책은 오프라인 서점에서는 팔리지 않아 진열대에서 사라졌으나, 인터넷의 온라인 서점에서는 살 수 있다. 무한 온라인 전시 공간에서의 롱테일 법칙 때문이다. 그런데 롱테일의 끝에 있는 필자의 책을 사기위해서는 누군가는 전체를 알려주는 거대 플랫폼이 필요하다. 즉, 개별 롱테일을 연결하는 빅 플랫폼이 존재해야 한다.

플랫폼과 인터넷의 공진화

사물인터넷^{IoT}이 등장하면서 제품과 서비스가 융합하는 PSS$^{Product\ Service\ System}$가 등장했다. 소비자의 행동이 제품과 결합하고 애프터서비스가 사전 예지 서비스로 전환되기 시작했다. 연결비용을 제로화 하는 인터넷의 진화에 발맞추어 플랫폼도 정보 플랫폼에서 제품 플랫폼을 거쳐, 제품-서비스 플랫폼으로 공진화$^{Co\text{-}evolution}$하는 공유플랫폼 경제를 확산했다.

이제 산업인터넷$^{IIoT\text{-}Industrial\ Internet\ of\ Things}$이 등장하면서 생산과 유통 프로세스의 연결비용도 한계비용 제로화되기 시작했다. 방대한 실시간 생산과 유통 데이터들이 IoT를 통해서 저비용으로 연결되면서 산업 전체가 플랫폼 형태로 재편성되기 시작한 것이다.

산업플랫폼은 파이프라인형 단일 기업의 닫힌 가치사슬을 해체하고 있다. 기업이 최적의 역량을 가진 기업들의 열린 생태계로 전환되기 시작한 것이다. 피터 드러커$^{Peter\ F.\ Drucker}$ 교수가 얘기한 기업의 양대 요소인 혁신과 마케팅이 개별 기업 단위에서 산업 생태계 수준으로 분해·확산된다. 그 결과 산업플랫폼은 혁신플랫폼과 유통플랫폼으로 양분화 되어 진화하고 있다. 정보^{天}와 물질^{地}과 인간^{人}이라는 경제의 3요소가 각각 생산, 시장, 소비의 3가지 활동으로 구성되는 플랫폼 진화의 빠져있던 연결고리가 산업인터넷으로 채워지고 있다.

인터넷과 플랫폼의 공진화

Link	유선인터넷	무선인터넷	사물인터넷	산업인터넷
Node	PC-인간	인간-SNS	인간-사물	사물-산업
User	10억 명의 사용자	20억 명의 이용자	280억 개의 사물	1000억 개의 사물
Platform	온라인 플랫폼	소셜 플랫폼	O2O 플랫폼	산업플랫폼
Thing	Contents	Contents·Service	Product·Service	Process

기업들은 플랫폼에서 공통요소를 공유한다. 과거의 요소 중심의 효율성 경쟁에서 혁신 중심의 창조성 경쟁으로 전환되기 시작했다. 이제 기업의 경쟁력은 개별 요소 차원에서 산업 생태계 차원으로 이동했다. 소비에서 시작된 사물인터넷 혁명이 이제 산업인터넷을 통하여 생산으로 확산되기 시작했다. 이제 개별 요소 경쟁이 아니라 산업 차원의 협력이 기업의 경쟁력을 좌우

할 것이다. 인재의 경우에도 마찬가지다. 개인의 역량 강화보다 중요한 것은 개인 간의 협력을 통한 전체 역량의 강화이다. 협력은 공유플랫폼을 통하여 촉진된다. 따라서 국가 전략의 핵심으로 산업플랫폼을 추진해야 한다.

Part 3

공유경제 패러독스와 플랫폼

 '인건비+재료비'라는 산업사회의 경쟁 방정식은 더 이상 유효하지 않다. 대신 '개발비(혁신)÷시장규모(효율)'라는 새로운 공유경제 방정식이 경제의 새로운 패러다임으로 등장했다. 그러나 단일 기업은 이 방정식을 만족시키지 못한다. 이를 '공유경제 패러독스'라고 한다.

 공유경제 패러독스는 효율적이면서 동시에 혁신적일 수 없다는 것에서부터 시작된다. 단일 기업이 공유경제 경쟁 방정식을 만족시킬 수 없다는 공유경제 패러독스는 단일 기업 경쟁 시대에서 복합 생태계 경쟁 시대로 진화를 의미한다.

 기업 활동의 양대 축은 효율과 혁신으로, 효율은 반복되는 사업을 잘 하는 것이고, 혁신은 새로운 사업 영역을 개척하는 것이다. 혁신은 전체에는 바람직하나 혁신 주체는 실패의 위험을 감수해야 한다. 100% 성공하는 혁신은 혁신이 아니며, 혁신은 도전을 전제로 한다. 그런데 도전의 결과는 불확실하다. 거대 조직일수록 안정 지향적이기 마련이고, 불확실한 도전은 배제되니 혁신은 위축된다. 그래서 조직의 규모는 비례하고 혁신성은 반비례한다. 혁신은 조직이 작을수록 활발해지고, 효율은 조직이 커질수록 증대된다.

'효율적이면서 동시에 혁신적이 되어야 한다'는 공유경제 패러독스 해결 대안은 트리즈^{TRIZ}의 원리로 찾을 수 있다. 혁신과 효율을 분리하고 순환시키는 것이다. 작은 앱 개발자들은 혁신을 제공하고 대형 플랫폼은 시장 효율을 제공, 이를 플랫폼에서 분리 순환하는 것이다. 이것이 패러독스 해결을 하는 유일한 대안이다. 모토로라와 노키아라는 단독 기업형 경쟁이 애플과 구글이라는 플랫폼형 경쟁으로 바뀐 이유이기도 하다.

공유경제 생태계의 핵심 개방 플랫폼

한국의 수직 계열화된, 닫힌 플랫폼은 세계적 수준이다. 그러나 수평 협력적인 개방 플랫폼은 매우 미흡하다. 한국이 공유경제 생태계를 구현하려면 다양한 개방 플랫폼을 만들어내는 것이 핵심과제일 것이다. 공유경제는 초^{超} 플랫폼 경제이기 때문이다.

공유경제가 수많은 개방 플랫폼들의 거대한 초 생태계로 구성된 것은 공유경제 패러독스 극복에 따른 자연스러운 결과이다. '공유경제는 플랫폼 경제'를 지향할 수밖에 없게 된다. 실제로 생명현상은 항상성(Homeostasis)을 유지하면서 지속해서 혁신하며 진화적 적응을 이루어 나가고 있다. 사람의 개별 세포들은 평균 100일이면 사멸하나, 사람의 생명은 100년도 지속된다. 부분의 혁신이 전체의 안정성을 가져오는 것이다.

이런 '안전한 혁신'이 우리 생명의 비밀이나, 개별 기업 차원에서는 구현 불가능한 것으로 여겨져 왔다. 하지만 '안전한 혁신'의 비밀의 열쇠는 부분과 전체의 분리와 순환이다. 쉽게 말해서 전체는 안정을 제공하고 부분은 혁신을 제공하는 것이다.

애플의 앱스토어 플랫폼 자체는 안정적인 효율을 제공하나, 그 플랫폼 위에 있는 앱들은 혁신적이다. 앱들은 수많은 실패 속에서 일부만이 성공한다. 단, 실패한 앱 개발자들은 다시 재도전 할 수 있는 혁신의 안전망이 있어야 한다. 개별적으로는 파괴되나, 전체가 안정되는 것이 창조적 파괴라는 슘페터의 혜안이 아닌가. 통제와 보호는 닫힌 사고다. 자율과 경쟁이 열린 사회의 길이고 혁신으로 가는 길이다.

혁신을 글로벌 시장으로 전달하는 거대 시장 인프라는 애플과 구글이 제공하므로 앱 개발자들은 가볍게 개방 플랫폼에서 혁신을 제공할 수 있다. 사회 전체의 효율과 혁신이 증대된다. 그러나 공유 플랫폼 경제가 지속가능하기 위해서는 한 가지 조건이 필요하다. 창출된 가치의 분배가 정당해야 한다. 플랫폼 가치창출을 플랫폼 사업자가 독식하는 구조는 오래가지 못한다. 그렇기 때문에 올바른 플랫폼의 룰이 중요하다.

공유플랫폼 경제의 본질적 의미는 효율과 혁신이 융합하는 개방플랫폼을 통하여 우리는 '안전한 혁신'을 구현하는 것이며, 동시에 플랫폼 공유를 통하여 '값싼 혁신'을 얻게 된다는 것이다.

Part 4

혁신과 공유플랫폼

창조성이 '죽음의 계곡'을 넘어 혁신으로 이어지도록 하는 공유경제의 다리는 '혁신플랫폼'이다. 또한, 혁신이 '다윈의 바다'를 넘어 글로벌시장으로 진출하도록 돕는 공유경제의 배는 '시장플랫폼'이라 할 것이다. 이 두 가지로 혁신과 효율이 융합하는 공유경제 시대가 열리고 있다.

오픈소스 SW·HW란 제작자의 권리를 지키면서 원시 코드를 누구나 열람할 수 있고 변형할 수 있도록 한 SW 혹은 라이선스이다. 인터넷 기반 클라우드 컴퓨팅$^{Cloud\ computing}$ 기술은 웹상의 서버에 데이터를 공유하는 SW 서비스이다. 오픈소스는 데이터를 클라우드는 네트워크와 IT자원을 혁신플랫폼은 레이저 커터, 3D 프린터 등의 설비를 공유하여 가벼운 혁신을 가능케 한다.

이제 기업 경쟁은 기존의 데이터와 설비는 공유하고 새로운 창조적 혁신의 경쟁으로 전환되고 있다. 이러한 전환을 이룩한

국가가 미래를 이끌어 간다는 것은 너무나도 명확하다. 공유가 경쟁력이고 플랫폼이 수단이다.

혁신플랫폼

 혁신플랫폼이란 앞서 설명한대로 창업 및 신사업 개발 시 필요한 공통요소들을 플랫폼화해 빠른 제품 개발과 실행 등을 지원해 주는 것이다. 결국 창업비용과 리스크를 줄임으로서 창업기업이 핵심역량에만 집중할 수 있도록 한다. 이로써 '쉬운 창업'이 가능해진다. 구체적으로 기업의 사업개발 단계별로 필요한 자원과 정보, 네트워킹 등을 지원하여 창업생태계를 구성하는 창업기업, 수요시장, 투자자 및 회수시장 등의 이해관계자들을 연결하는 역할을 한다.

창업·사업 플랫폼

혁신플랫폼 사례

기업의 혁신역량을 돕는 혁신플랫폼은 크게 비즈니스 아이디어 플랫폼, 개발 및 시제품 제작을 도와주는 플랫폼, 오픈 이노베이션 플랫폼, 자금 지원 플랫폼, 교육 및 네트워킹 플랫폼, 기술이전 플랫폼 등 다양한 종류로 나눌 수 있다. 그 중 몇 가지를 살펴보면 다음과 같다.

아이디어랩Idealab은 벤처 인큐베이팅을 전문으로 하는 기업이다. 1996년부터 스타트업들을 도와주었고, 대표적인 성공사례가 검색광고의 기틀을 닦은 오버추어Overture이다. 아이디어랩은 45개 이상의 IPO 및 인수를 통해 150개 이상의 회사를 창업했다. 최근에는 로보틱스, 신재생에너지 등으로 분야를 확대하고 있다.

아이디어를 실제로 시제품으로 만들 수 있도록 도와주는 플랫폼인 테크숍은 창의성 발현을 위한 개방형 제조플랫폼으로, 3D 프린터를 비롯한 첨단 제조설비를 저렴한 비용으로 마음껏 활용할 수 있는 기반을 제공한다. 또 관련 교육 및 컨설팅, 회원 간 교류 등을 지원해 주고 있다. 테크숍의 창업자인 버클리는 테크숍에서 양장본 책표지 형태로 제작된 태블릿 PC 케이스를 개발하여 100만개 이상을 판매한 적도 있다. 테크숍은 각종 프로그램을 통하여 창업에 실질적인 도움을 주고 있으며 실리콘밸리에서 매년 800% 성장하고 있다.

Shapeways는 일종의 온라인 마켓 플레이스 서비스다. 누구나 쉽게 간단한 물체를 모델링 할 수 있고 다양한 디자인으로 물체를 만들 수 있는 3D 프린팅 서비스를 제공하고 있다. 사용자는 플라스틱, 세라믹, 금속 등 다양한 재료들로 개인적 취향에 따라 변형을 가하여 제품을 만든다. 또한, 자신이 만든 디자인 파일을 다른 사람에게 팔 수 있는 기회를 제공하기도 한다. Shapeways는 140개국에 약 63만명의 고객을 보유하고 있고, 주문은 매달 약 12만 건 이상을 웃돌고 있다. 2016년에는 국제물류운송기업 Panalpina와 전략적 파트너십을 체결하여, 지리적 확장 가능성을 통한 물류 및 생산, 부가가치 서비스를 지원을 받아 플랫폼을 확장하고 있다.[63] 한국에는 이와 유사한 3D Mon이라는 업체가 있다.

오픈이노베이션 플랫폼은 조직 내부에 국한되어 있던 연구개발 활동을 기업 외부까지 확장하여 외부 아이디어와 R&D 자원을 활용하여 혁신을 가능케 한다. 이노센티브는 기업이 필요로 하는 기술을 다양한 분야의 외부 전문가가 해결할 수 있도록 하는 역할을 담당한다. 엑슨모빌은 유조선 발데즈호의 좌초로 생긴 환경문제를 17년 동안 해결하지 못하고 있었는데, 이노센티브를 통해 단 3개월 만에 해결할 수 있었고, 해결책을 제시한 존 데이비스는 2만 달러의 보상금을 수령했다. 국방선진개발연구소^{DARPA}, 우주항공국^{NASA}, 에너지국^{DOE}에서는 관련 공모전을 정부 단위로 추진하고 있으며, 주정부가 나인시그마와 협력

---

63) postandparcel(2015), "Panalpina and Shapeways team up on 3D printing"

하여 주 내 중소기업에게 개방형 혁신 서비스를 제공하고 있다.

크라우드펀딩 플랫폼은 혁신적 아이디어에 일반대중의 자금을 십시일반으로 모여 자금조달을 연결해 주고 있다. 대표적인 킥스타터$^{Kick\ Starter}$의 2016년까지의 누적 모금액은 27억 달러 이상이며, 전체 33만 건의 프로젝트 중 35%가 목표금액 모금에 성공했다. 킥스타터는 공공부문에서도 활용이 증가하는 추세이다.[64] 또한 2016년부터 아마존과 협력하여 킥스타터의 상품을 아마존 페이지를 이용하여 구매할 수 있게 되었다.

교육 및 네트워킹(인큐베이팅, 액셀러레이팅) 플랫폼은 다양한 교육 기회를 제공함으로써 창업자의 역량을 배양하는 플랫폼이다. 교육 및 네트워킹 플랫폼의 대표적인 사례인 Y 콤비네이터$^{Y-Combinator}$는 창업자들의 멘토 역할을 하면서 자금 지원도 해주는 단체로, 매년 43개 스타트업을 대상으로 벤처창업 캠프를 지원하고 사업 멘토링을 제공함과 동시에 우수 팀을 대상으로 자금 지원도 병행한다. Y 콤비네이터는 미국 최고의 액셀러레이터이다. 네트워크가 핵심역량으로, 드롭박스^{Dropbox}, 에어비앤비와 같은 성공적인 사례를 통해 현재 장부 가치만 100억 달러(약 11조 원)에 달해 1,000배 이상의 수익을 올리고 있다.

기술이전 플랫폼은 개인, 기관 등이 보유한 기술 및 지식재산권을 거래하는 플랫폼이다. 크게 공유형 플랫폼과 중개형 플랫폼으로 나뉜다. 공유형 플랫폼은 주로 정부, 공공기관이 중심

---

64) Chosunbiz(2016), "아이디어 사업화…누구나 참여한다…함께 실현시켜 나간다…"

이 되어 플랫폼 사업자가 보유한 기술을 기반으로 플랫폼을 구축한 것이고, 중개형 플랫폼은 민간을 중심으로 한다.

대표적 사례로는 미국의 국립기술이전센터^{NTTC}, 유럽의 IRC, 독일의 INSTI, Steinbeis Transfer Center 등이 있다. 국내에서는 특허청의 특허기술장터, 과거 한국기술거래소에서 만든 NTB, 정부출연연구소의 자체 플랫폼들이 있다. 민간을 중심으로 하는 중개형 플랫폼의 사례로는 세계 최대 지식재산권 마켓플레이스인 Yet2.com이 있다. Yet2.com은 참여 기업들이 보유한 자체 개발 기술을 판매하며, 현재 모토로라, 보잉 3M, 도요타, NEC, 도시바 등 약 500개 사가 회원사로 가입하여 기술 수요자 중심의 지원을 강화하고 있다.

생산 플랫폼은 기획 및 개발을 통해 시제품이 나오고 본격적인 생산 계획이 만들어진 이후 대량생산을 할 수 있도록 하는 플랫폼으로, 대표적으로 스마트폰을 전문 조립 및 생산하는 중국의 폭스콘, MFG.com, 자동차를 전문 생산해주는 로컬 모터스 등이 있다. 예를 들어, 애플은 디자인 및 서비스 혁신에 집중하고 폭스콘에 하드웨어 생산을 아웃소싱 한다.

산업인터넷의 등장으로 스마트 팩토리와 PSS가 결합하는 생산 플랫폼이 다시 부상하고 있다. 중국 심천은 생산 플랫폼과 더불어 다양한 하드웨어 생태계를 구축하여 하드웨어 스타트업의 새로운 성지로 부상하고 있다. 제조 강국 대한민국의 미래전략으로, 심천과 같은 생산 플랫폼의 경쟁력을 강화할 필요가 있다.

　마지막으로 유통·홍보 플랫폼은 제품 및 서비스의 유통, 홍보, 마케팅을 지원해주는 서비스로 아마존 웹서비스 AWS$^{Amazon\ Web\ Services}$가 대표적이다. 아마존 웹서비스는 전자상거래 솔루션은 물론 글로벌 컴퓨팅, 스토리지, 데이터베이스, 분석, 애플리케이션 및 배포 서비스를 제공한다. 스타트업 기업들이 웹 및 모바일 애플리케이션, 데이터 처리 및 웨어하우징, 스토리지, 아카이브 등을 저렴한 비용으로 이용할 수 있다.

시장(유통) 플랫폼

　시장(유통) 플랫폼이란 다수 이용자를 확보하여 서비스를 제공할 수 있는 제공자로서 네트워크 효과를 누린다. 판매자는 플랫폼을 활용하여 낮은 비용으로 앱을 판매하여 수익을 창출한다. 아이디어에서 유통 및 홍보로 이어지는 가치사슬에서 유통이 차지하는 수익 비중은 매우 크기 때문에 시장플랫폼의 중요성 또한 크다.

　창업생태계 내에서는 기업의 유통 및 홍보 채널로 활용되며 소비자와의 거래를 돕는 시장플랫폼의 관점으로 해석할 수 있다. 창업기업이 시장 진입장벽을 극복하기 위해서 진입장벽을 낮추는 '오픈 플랫폼'과 시장으로의 터널을 뚫는 '오픈 이노베이션' 전략을 사용할 수 있다.

오픈 플랫폼은 혁신의 공간과 효율의 공간을 분리한 후 선순환하는 것이다. 즉, 애플의 앱스토어, 구글의 구글 플레이와 같은 개방 플랫폼$^{Open\ Platform}$이 앱 개발자들에게 개발도구^{API}를 공개하고 마켓을 제공하는 공간에서, 앱 개발자들은 혁신 역량에만 집중할 수 있다.

시장 진입 장벽의 극복대안

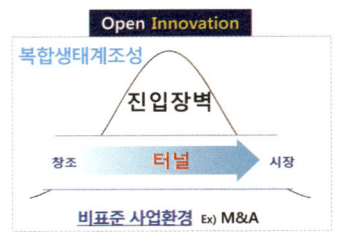 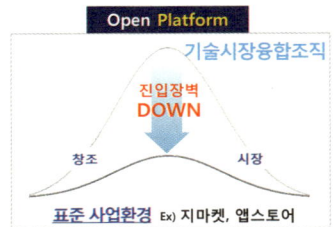

자료: 이민화(2015)

오픈 이노베이션은 혁신을 하는 시간과 효율을 이루는 시간의 분리와 선순환으로 1) 혁신벤처가 시장기업에 M&A되거나 라이선싱 등의 방법으로 혁신이 확대되거나, 2) 선도기업에서 혁신적 사내 벤처가 스핀오프 되거나 스핀아웃 되는 방식이다.

기업 가치사슬의 시장플랫폼화

시장플랫폼(혹은 유통플랫폼)은 기본적으로 공급자와 소비자로 이루어진 양면시장의 특성을 지니며, 참여자가 증가할수록 네트워크의 가치는 기하급수적으로 증가한다. 플랫폼 제공자는 임계량 이상의 참여자를 확보하고, 두 그룹간의 거래가 활성화되고 유지될 수 있게 개방공유, M&A 전략 등을 적절히 사용해야 한다. 이를 통해 시장이 지속가능하도록 해야 한다. 또 네트워크 효과를 통해 창출된 가치가 플랫폼 참여자들과 제공자에게 공정하게 재분배되어 플랫폼이 확대 선순환 되도록 해야 하다.

시장(유통)플랫폼의 성공 여부는 공급자와 소비자를 대규모로 확보하여 '공진화 Co-evolution 현상'을 만들어 내느냐이다. 좋은 상점이 많아야 많은 고객이 모이고, 다시 많은 고객이 모이면 좋은 상점들이 입점하여 일정 수준의 임계점 Tipping Point 을 넘으면 자연스럽게 확대 선순환 된다.

유통플랫폼은 공급자에서 소비자로 제품·서비스 가치가 이동하는 단계마다 플랫폼화될 가능성을 갖고 있다. 기업 간 유통은 B2B 플랫폼으로, 소비자를 연결시키는 유통을 B2C 플랫폼으로 진화하고 있다. 가치가 전달되는 유통플랫폼은 하드웨어, 서비스나 기술(운영체계 등)과 같은 소프트웨어 등으로 이루어질 수 있다.

ICT 발달로 스마트기기를 통한 서비스·콘텐츠의 소비시장이 급증하여 스마트폰의 앱스토어가 중요한 유통시장이 된다.

과거 피처폰 시대에는 통신사가 절대자였기 때문에 디지털 콘텐츠·서비스의 생산 및 제공에 많은 제약이 있었다. 그러나 구글과 애플로 대표되는 스마트폰 애플리케이션 생태계에서는 오픈 API 등을 통해 개발자들의 참여가 쉬워졌다. MS의 윈도우, 애플과 구글의 iOS 및 Android 운영체제는 하드웨어 기기와 응용 소프트웨어를 유통할 수 있는 플랫폼을 구상하였으며, 이러한 시장플랫폼은 온·오프라인에서 유·무형으로 널리 퍼져나가고 있다.

시장플랫폼 위에 다양한 서비스, 콘텐츠, 커머스, 광고 사업자 등이 올라 탈 수 있으며 이들의 결합으로 가치의 선순환이 이루어지고 있다.

시장플랫폼의 사례

2017년 전 세계 유니콘 기업은 약 200여개에 달하고, 총 기업가치는 약 6,500달러에 달하다. 2017년 기준으로, 유니콘 기업을 가장 많이 보유한 나라는 미국과 중국이다. 한국의 유니콘 기업으로는 쿠팡(25위), 옐로모바일(31위), CJ게임즈(69위)까지 총 3개였다. 미국의 우버는 중국의 샤오미^{Xiaomi}를 제치고 전 세계 가장 높은 기업 가치를 보유한 스타트업으로 등극했다.[65]

상위 20개 유니콘 현황(2017.3. 기준)

순위	기업명	기업가치(억 달러)	국가	분야
1	Uber	680	미국	공유경제(차량)
2	Xiaomi	460	중국	스마트폰/디바이스
3	Dibi Chuxing	338	중국	공유경제(차량)
4	Airbnb	300	미국	공유경제(부동산)
5	Palantir Technologies	200	미국	빅데이터 분석 소프트웨어/서비스
6	Lu.com	185	중국	핀테크(P2P 대출)
7	China Internet Plus	180	중국	전자상거래
8	WeWork	169	미국	공유경제(사무실)
9	Flipkart	160	인도	전자상거래
10	SpaceX	120	미국	항공우주
11	Pinterest	110	미국	소셜(이미지 공유 및 검색)
12	Dropbox	100	미국	웹기반 파일공유 서비스
13	Infor	100	미국	비즈니스 소프트웨어
14	DJI Innovations	100	중국	상업용/개인용 드론
15	Stripe	92	미국	핀테크
16	Spotify	85	미국	온라인 음악 스트리밍 서비스
17	Zhong An Insurance	80	중국	핀테크(보험)
18	Snapdeal	70	미국	전자상거래
19	Lianjia (Homelink)	62	중국	전자상거래
20	Global Switch	60	영국	데이터 센터

자료: 한국무역협회; CB Insights

연결플랫폼 사례

연결플랫폼은 '연결'이라는 요소를 공유하는 플랫폼이다. 연결의 속성상 양면 이상의 다면 시장이 형성된다. 소비자에게 가치를 전달하는 시장플랫폼으로, 참여자들 간의 연결, 매개 역할을 하는 중개플랫폼, 결제플랫폼, SNS와 같은 커뮤니티 플

---

65) 뉴스웍스(2017.03.20.), "대박 스타트업 '유니콘 기업'…美99개, 中42개, 韓3개"

랫폼이 있다.

연결 플랫폼의 사례

	참여자	제품, 서비스 예	기반 기능
중개	호텔과 이용자 발주자와 수주자	예약 사이트: 라쿠텐 트래블 거래처 소개 사이트: 트라박스(Trabox), 알리바바	광고 영역
	등록점포와 소비자	비교 사이트: 가격.com 소개 사이트: 구루나비	통신 판매 채널 가맹점 컨설팅
	출품자와 입찰자	경매사이트	
결제	가맹점과 소비자	신용카드: 비자(VISA), 마스터(Master), 멕스(Amex) 전자머니: 라쿠텐에디(Edy), 아이디(ID)	포인트 서비스
커뮤니티	작성자와 독자	SNS 사이트: 페이스북(Facebook)	소셜 앱 기반
	등록자와 시청자	동영상 사이트: 유튜브(Youtube)	
	작성자와 독자	입소문 커뮤니티: 타베로그, 앳코스메 지식 커뮤니티: 위키피디아(Wikipedia)	통신 판매 사이트
	개발자와 이용자	개발자 커뮤니티: Linux 고객, 개발 커뮤니티: 드림라이더스	

자료 : 후지츠 총연 외(2014)

중개플랫폼 사례

중개플랫폼 비즈니스 모델로는 알리바바가 대표적이다. 편리하고 자유롭게 물건을 사고 팔 수 있는 플랫폼을 제공하는 알리바바는 B2C, C2C, 공동구매, 신용거래, 웹사이트 분석, 무역 등 전자상거래 관련된 모든 서비스를 제공·운영하고 있다. 아시아 최대 B2C, C2C사이트인 타오바오의 연간 거래규모는 중국 GDP의 2%에 달할 정도이다. 알리바바는 판매자와 구매자를 연결하는 '중개'의 측면에서는 이베이와 유사한 비즈니스 모델을 갖고 있지만, 이베이가 중개수수료를 받는 반면, 알리바바는 중개수수료를 받지 않는다. 대신 판매자의 상품을 화면에 노출시켜주는 광고를 통해 수익을 얻는다. 알리바바에서 수수료를 받는 서비스는 B2C 플랫폼인 티몰^{Tmall} 뿐이며, 거래의 안전성을 위해 판매자들에게 일정액의 보증금 및 수수료를 받고 있다.

중국에서 알리바바의 타오바오와 티몰이 B2C 시장을 약 85%(2014년 기준) 차지하고 있어, 소비자들은 알리바바를 거의 유일한 플랫폼으로 이용하고, 판매자들은 이 플랫폼에서 위로 올라가려고 치열한 경쟁을 벌이고 있다.[66] 또한, 알리바바는 2014년 모바일 플랫폼 서비스로의 진출을 선언했다. 단 플랫폼을 직접 개발하는 것이 아니라 운영에만 초점을 맞추고 개발자와 플랫폼이 공동으로 이익을 얻을 수 있는 환경을 조성하는 것이 목표라고 밝혔다.[67]

그렇다면 알리바바가 중국에서 전자 상거래 1위를 차지한 이유는 뭘까? 먼저 알리페이^{Alipay}로 결제의 편의성을 높였고, 판매수수료를 폐지해 많은 판매자를 유치했다는 점을 꼽을 수 있다. 또 Aliwangwang 메신저를 통해 판매자와 구매자 간 제품 상담 및 흥정을 할 수 있도록 하고, 이를 기록하여 분쟁시 증거로 사용할 수 있게 하는 등 거래에 대한 신뢰도를 높였다.[68] 알리페이는 텐센트와 더불어 중국 온라인 결제 시장을 장악했다. 중국인 해외 여행객도 대부분 알리페이 이용자여서 국내의

---

66) PPSS(2014.12.29.), "알리바바 비즈니스를 이해하는 3가지 키워드: 중개, 무료, 경쟁심"
67) 디스이즈(2014.1.13.), "중국 알리바바, 모바일 플랫폼 서비스 선언"
68) Vertical Platform(2014.09.18.), "알리바바를 말하다"

하나카드, 우리은행 등 한국 파트너사를 통해 한국에도 영향을 주고 있다.[69]

온라인 플랫폼을 구축한 알리바바는 오프라인 마켓으로 확장하면서 온·오프라인이 융합한 신유통新儒通 시대를 준비하고 있다. 알리바바가 준비하는 신유통은 온라인 플랫폼, 물류인프라, 오프라인 매장 그리고 인공지능 기술을 이용하는 것이다 (한승희, 2017). 중국은 온라인 시장이 빠르게 성장하고 있지만, 아직은 오프라인 시장이 훨씬 크며 온라인 매장에서는 오프라인의 경험 가치를 전달하는 것에 한계가 있다. 때문에 알리바바는 오프라인 유통 업체에 대한 투자를 늘리면서 전자상거래 플랫폼을 기반으로 오프라인 확장을 하고 있다. 알리바바는 중국의 경제 성장과 소비자들의 디지털 이해도가 향상된 점에 주목했다. 그리고 소비자들은 가격 그 이상을 것을 원하고 있다고 판단했다. 알리바바는 소비자들에게 '경험'이라는 새로운 가치를 부여하려 하고 있다. 동시에 온라인 시장이 가지는 한계점을 극복하고자 새로운 유통시장에 진출하고 있다. 시간과 장소에 구애 없이 15㎡만 있으면 어디든 설치할 수 있는 무인 편의점 빙고박스, 머신러닝과 IoT를 활용한 무인마트 타오카페, 중국의 스마트 편의점 벤리펑, 손으로 결제 가능한 테이크고 등은 기존의 오프라인 유통매장에서 보지 못한 혁신을 시도하고 있다.

---

69) Chosun(2016.09.10.), "알리페이·위챗페이, 韓·日·유럽으로 팽창 유커가 이용… 홍콩선 외국인도 사용 가능"

특히 허마셴셩은 마윈이 주창한 신유통을 대표하는 모델이다. 마트 천장에 장바구니가 걸려있는 레일이 바쁘게 돌아가는데 고객의 주문이 접수되면, 매장 내에서 직원들은 바삐 뛰어다니며 제품을 장바구니에 담는다. 그리고 이를 물류 센터로 보내면 그곳 직원들은 모바일 기기로 체크하며 재고관리를 하다. 매우 효율적인 물류 배달 시스템으로 신속한 배송 처리를 가능해진 것이다. 매장에서는 현금을 받지 않으며, 결제는 알리페이로만 이루어진다. 결제 후에는 허마셴셩 앱에서 내가 어떤 제품을 구매했는지, 제품에 대한 만족도는 어떠한지를 바로 체크할 수 있다. 알리바바는 이러한 시스템으로 온·오프라인에서 소비자 데이터를 수집하여, 고객의 소비 패턴을 추적하고 빅데이터를 인공지능으로 분석하고 있다.

또 다른 중개플랫폼인 아마존은 1995년 온라인 서점으로 시작하여 1997년부터 음악, 비디오, 전자제품, 옷, 가구 등 제품 라인을 다양화하고 있으며, 최근에는 식품까지 시도하면서 유통과정의 모든 혁신을 주도하는 플랫폼으로 성장했다.

아마존의 핵심 철학은 인간이 가지는 한계를 극복하는 것이다. 이 철학을 바탕으로 아마존은 인류의 지혜가 담긴 책으로 시간의 한계를 극복하고, 시공간의 제약을 뛰어넘기 위해 클라우드 컴퓨팅 서비스를 제공하며, 현실의 한계를 뛰어넘고자 모든 생활을 가상공간으로 옮기는 과정을 시도하고 있다.

아마존의 성장 과정에서 주목할 점은 기존의 오프라인 유통기업의 주요한 법칙이었던 파레토 법칙$^{\text{Pareto Principle}}$에서 벗어나 새로운 전략을 펼쳤다는 점이다. 이것이 롱테일 법칙$^{\text{Long Tail}}$을 설명할 때 대표적인 사례로 언급되는 이유다. 아마존은 개별 매출액이 적어 유통시장에서 주목받지 않았던 80%의 틈새시장$^{\text{Niche Market}}$을 통해 새로운 비즈니스를 창출했다. 이렇게 온라인 시장에서 성장한 아마존은 오프라인 시장으로 범위를 확장하고 있으며, 이러한 과정에서 온·오프라인의 융합$^{\text{O2O}}$을 시도하고 있다.

아마존이 O2O 융합을 시도할 수 있는 것은 자체적으로 보유한 AWS$^{\text{Amazon Web Service 70)}}$가 기반이 되었기 때문이다. 아마존은 블랙 프라이데이와 사이버 먼데이 4일 동안 서비스 중단을 막기 위하여 서버를 대규모로 구축했다. 그리고 외부에 관련 인프라를 제공해주던 것이 AWS의 시작이 되었다.

이후 아마존은 유통에 IT를 융합하면서 끊임없는 혁신을 시도하고 있다. 이러한 대표적인 사례로는 고객 정보를 바탕으로 고객에게 맞춤별 추천 서비스를 제공하는 것이다. 아마존은 이를 더욱 발전시켜 인공지능을 활용한 고객 수요 예측 배송 서비스를 시작했다. 동시에 물류의 혁신도 이끌어가고 있다. 아마존 프라임에어[71]가 대표적인 사례로, 드론을 이용해 고객이 주

---

70) 아마존이 영위하고 있는 클라우드 서비스로, 아마존은 클라우드 시장의 강자로서 2016년 기준 IaaS(Infrastructure as a Service) 부문에서 세계 클라우드 시장의 45%, PaaS(Platform as a Service) 부문에서 30% 이상의 시장 점유율을 기록했다.
71) 2016년 12월 영국에서 최초로 드론을 이용한 상용화 배송에 성공했고 유통 패러다임의 혁신을 기록했다.

문한지 30분 이내로 배달되는 것을 목표로 하고 있다. 아마존 고$^{Amazon\ Go}$는 아마존 프라임나우$^{72)}$와 아마존프레쉬$^{73)}$의 확장판으로서 오프라인 매장에 인공지능과 아마존 직배송 시스템인 FBA$^{Fulfillment\ By\ Amazon}$, 핀테크를 함께 활용한 무인 마켓이다. 아마존고는 4차 산업혁명 시대의 화두인 O2O$^{Online\ to\ Offline}$를 넘어서 O4O$^{Online\ for\ Offline}$라는 새로운 개념을 제시하고 있다. 단, 본서에서 사용하는 O2O는 두 가지 개념을 모두 포함하고 있다.

결제플랫폼[74]

세계 양대 결제전산망 제공회사인 비자^{Visa}와 마스터카드$^{Master\ Card}$가 기존의 신용카드를 사용한 현금결제 방식에서 모바일 플랫폼을 이용한 모바일결제 방식을 도입하기로 하면서 미국 모바일결제 시장에서 주도권 확보를 위한 경쟁이 본격적으로 시작됐다. 이들은 모바일기기나 단말기를 이용하여 결제할 수 있는 서비스를 제공하기 위해 휴대폰제조업체, 단말기제조회사 등과 전략적 사업제휴를 체결하고 있다.

일반적인 모바일결제는 크게 1) 폰빌$^{Phone\ bill}$ 2) 모바일신용카드 3) 전자지갑 등 세 가지로 구분되는데, 모바일 신용카드는 사용성은 뛰어나지만 고가의 전용단말기 구입이 요구된다. 반면 전자지갑은 애플리케이션 개발과 계정관리 등만이 요구되

---

72) 맨하탄과 같은 대도시를 중심으로 1~2시간 이내에 배송하는 아마존의 서비스
73) 식료품처럼 신선제품을 트럭에 싣고 다니면서 고객의 주문에 즉각적으로 배송
74) 한국금융연구원(2013), "미국의 모바일결제시장 주도권 쟁탈전 점화: 비자와 마스터카드의 대결", 주간 금융브리프 22권 11호

어 신규 시장진입에 상대적으로 용이하다.

마스터카드가 구축하는 모바일플랫폼인 마스터패스^{MasterPass}는 카드회원이 스마트폰이나 태블릿PC 등에 설치된 단일프로그램에 카드정보를 저장하여 가맹점 물품 구입 시 대금결제가 가능하도록 지원하고 있다. 마스터카드의 마스터패스는 복수계정을 단일프로그램에 넣어 사용하는 전자지갑 애플리케이션의 한 종류로서 구글, eBay의 자회사인 Paypal, Square 등이 유사한 서비스를 제공하고 있다.

마스터카드는 보급 확대를 위해 결제단말기 제조회사인 VeriFone Systems와 전략적 사업제휴를 체결하여 모든 모바일기기에 마스터패스를 탑재하도록 하고, 약 900개의 은행고객을 확보하고 있는 모바일뱅킹 애플리케이션 개발회사인 mFoundry가 보유하고 있는 각종 애플리케이션을 마스터패스에 설치하는 계약도 체결했다.

2014년 마스터카드는 신한카드가 보유한 대규모 거래 데이터를 빅데이터 분석 기법을 활용하여 '고객, 가맹점, 카드사' 간 최적화된 매칭 서비스인 새로운 마케팅 플랫폼을 개발하겠다고 발표한 바 있다. 최근 미국을 중심으로 활성화된 카드 링크 오퍼$^{CardLinkedOffer-CLO}$를 한국 환경에 최적화하려는 시도로, 현재 마스터카드는 미국에서 CLO 서비스를 운영하고 있다.[75]

비자는 모바일결제시장의 지분 확대를 겨냥해 우리나라 휴대폰제조업체인 삼성전자 및 단말기제조회사인 Roam[76] 등과 전략적 사업제휴를 체결했다. 비자는 휴대폰이나 결제단말기를 이용하여 기존의 신용카드 보안수준은 유지하면서도 결제를 쉽고 빠르게 할 수 있도록 지원하는 소프트웨어 프로그램인 페이웨이브^{payWave}를 개발했다. 은행들은 휴대폰에 내장된 컴퓨터칩에 고객의 신용카드 계좌정보를 안전하게 저장할 수 있다.

커뮤니티 플랫폼

SNS는 작성자와 구독자가 만나는 커뮤니티 플랫폼이며, 페이스북은 대표적인 SNS 커뮤니티 플랫폼이다. 2015년 페이스북은 메신저 앱을 카카오톡이나 라인과 같은 모바일 플랫폼으로 발전시키겠다고 발표했다.77) 메신저 플랫폼은 개발자가 직접 만든 앱을 간편하게 페이스북 메신저에 넣는 기능으로, 앱 안의 내용을 메시지로 공유할 수 있게 한다. 페이스북은 의류 소매업체 에버레인과 유아 전문 소셜커머스 쥴리와 손잡고 비즈니스 온 메신저 기능을 선보였으며, 클라우드 고객관리 서비스를 만드는 젠데스크도 고객과 실시간 채팅 업무에 페이스북 메신저를 쓴다고 발표했다.

플랫폼으로서 페이스북은 페이스북앱을 통해 누구나 페이스북 이용자를 대상으로 페이스북 내의 자신의 앱을 서비스하거나 홍보할 수 있다.78) '공유하기$^{Share\ button}$' 기능을 통해 플랫폼

---

75) 아시아경제(2014.05.22.), "신한카드, 마스터카드와 빅데이터 기반 마케팅 플랫폼 공동개발"
76) Roam은 중소형 가맹점 사이에서 인기를 모으고 있는 모바일신용카드 판독기를 생산한다.
77) 블로터(2015.03.26.), "페이스북 메신저, 앞으로는 '플랫폼'"

을 확장시킬 수 있다. '좋아요^{Like}' 버튼과 같은 소셜 플러그인 기능으로 간편하게 공유하거나 외부 웹(앱)을 페이스북과 연결할 수 있다. 또 페이스북의 친구관계$^{Social\ Graph}$를 내 웹(앱)에 간편하게 적용할 수 있다. 외부 서비스에서의 활동이 페이스북에 바로 공유되고, 사용자의 활동이 페이스북에 실시간으로 포스팅되어 별도의 SNS가 아닌 웹(앱) 자체가 소셜로 동작한다.

빙글^{Vingle}은 사용자가 자신과 비슷한 관심사를 가진 다른 사용자들과 다양한 의견을 주고받으면서 재미를 느껴가는 관심사 중심의 커뮤니티 서비스다.[79] 2013년 서비스를 시작한 빙글은 2014년 상반기 200만 MAU를 돌파한 뒤 같은 해 하반기에 570만 MAU를 넘었고, 2015년 상반기 740만 MAU, 2015년 하반기에는 1,000만 MAU를 달성했다. MAU 기준으로 빙글은 그해 국내 관심사 SNS 1위, 글로벌 서비스 전체 SNS 4위에 오르기도 했다. 이는 오랜 기간 글로벌 SNS의 대명사로 여겨진 트위터는 물론, 인스타그램도 앞선 실적이었다.

최근 미국에서는 1인 콘텐츠 제작자들의 플랫폼인 다중채널 네트워크$^{MCN\cdot Multi\ Channel\ Networks}$가 진화를 거듭하면서 온라인 동영상 시장의 판도를 바꾸고 있다. 현재 미국 내에서는 전통 미디어 영향력이 급격히 줄어들고 1인 콘텐츠 제작자의 힘이 커지면서 어썸니스TV와 같은 MCN 기업들이 우후죽순 생기고 있다. 어썸니스TV^{AwesomenessTV}는 연내 '신세대 맘'을 대상으로 한

---

[78] 김태현(2012), "플랫폼으로서의 페이스북"
[79] INSIDE SOCIAL WEB(2014.05.30.), "커뮤니티 플랫폼 빙글(Vingle), 월 페이지뷰 1억 돌파"

생활정보 네트워크 '오스트럭Awestruck'을 론칭할 예정인데, 이 네트워크는 육아에 관심이 많은 신세대 맘을 겨냥한 코미디·드라마·다큐리얼리티·토크쇼 등을 제작해 유튜브와 페이스북 비디오 등에 배포할 계획을 갖고 있다. MCN은 연예기획사가 연예인들을 육성하듯이 능력 있는 개인 창작자들에게 방송 장비와 교육, 마케팅 등을 지원하고 유튜브를 비롯한 동영상 서비스 업체로부터 얻는 광고 수익을 나누는 신종 콘텐츠 사업으로, 유튜브가 배출한 스타 '브이로거Vlogger, 80)'들을 관리하는 일종의 기획사 개념이다.

실제로 미국 MCN의 대표주자인 메이커스튜디오Maker Studios는 200개 유튜브 채널에서 4억 명의 고정 시청자를 확보하고 있으며, 어썸니스TV는 1억 1천200만 구독자에 조회기록 총 75억 회를 기록하고 있다. 한국에서는 아프리카TV와 CJ E&M 등이 MCN 사업을 선도하고 있다. CJ E&M이 우수 1인 제작자를 모은 '크리에이터 그룹'은 유튜브 구독자 1천만 명을 확보했고, 아프리카TV는 유튜브와 동영상 콘텐츠 유통 제휴를 체결하기도 했다.

그 외 크몽은 비즈니스 거래 플랫폼으로 공유경제의 한 축을 담당하고 있다. 프리랜서부터 일선에서 은퇴한 전문가나 경력이 단절된 사람 등에게 일거리를 제공하여, 중소기업이나 소상공인에게 합리적인 가격에 서비스를 제공하고 있다.

---

80) 비디오와 블로거를 합성한 신조어로 직접 영상을 제작해 온라인에 게시하는 사람

Part 5

공유플랫폼 기업 사례

1) 숙박 | 에어비앤비와 야놀자

에어비앤비^{Airbnb}는 2008년 미국 샌프란시스코에서 시작된 세계 최대의 숙박 공유 서비스이다. 누구나 쉽게 집의 빈 방부터 저택을 통째로 빌려주는 서비스로 인기를 끌고 있으며 2016년 한 해에만 매출이 80% 성장하며, 창업 이후 처음으로 흑자를 기록했다.[81] 2017년 3월 현재 310억 달러의 시장 가치를 기록하며, 세계 최대 호텔체인인 힐튼호텔의 가치를 넘어서는 놀라운 성과를 올렸다. 주된 수익은 예약 가격의 6~12%의 수수료와 숙소 주인에게 받는 3%의 수수료이다. 평균적으로 일일 50만 건의 숙박이 이뤄지고 있다.[82]

야놀자는 국내 여행 앱의 선두 주자로 호텔, 모텔, 펜션, 게스

---

81) Bloomberg, "Airbnb Enters the Land of Profitability" (2017.01.27.)
82) DMR, "100 Amazing Airbnb Statistics and Facts" (2017.10.)

트하우스 등 숙박시설을 쉽게 예약해주는 숙박 O2O 서비스 업체이다.[83] 특히 '좋은 숙박 캠페인'을 주도하여 모텔이 기존에 가졌던 어두운 이미지를 벗을 수 있게 하여 영세 숙박 시설의 양적 성장도 이뤄냈다는 평가를 얻고 있다. 야놀자의 이수진 대표는 영세 숙박시설의 임직원을 위한 '야놀자 평생교육원'을 통해 숙박업 리모델링 과정, 중소형호텔 창업 과정 등 다양한 방법으로 숙박산업 서비스의 질을 끌어올리고 있다. 2017년 8월 월 매출 682억 원을 돌파하면서 2016년도 매출을 뛰어넘어 빠른 성장을 이뤄내고 있다.

2) 대출 | 렌딩클럽과 렌딧

렌딩클럽$^{Lending\ Club}$은 2007년 시작된 P2P$^{Peer\ to\ Peer}$ 기반의 대출 플랫폼 회사로 기존 대출 방식에 혁신을 불러오고 있다. 은행권에서 IT기술을 도입한지는 오래되었으나, 소액 거래를 위해서는 돈이 안 되는 수백만 건을 처리할 수 있는 시스템이 필요했다. 기존의 은행 비즈니스 모델은 P2P 대출 플랫폼과 혁신적인 플랫폼을 도입하기 힘들었다. 일대다 대출 방식과 돈을 옮기는데 비용이 많이 드는 수익 구조를 송두리째 바꾸지 않으면 어려운 일이었다. 렌딩클럽은 매달 1억~1억5천만 거래를 처리할 수 있는 거대한 프로세싱 머신을 만들어 냈다.[84] 투자금 모집과 대출 신청 및 집행을 온라인 플랫폼에서 처리한다. 오프라인 지점이 없으므로 고객에게 보다 낮은 대출금리와 높은

---

83) 서울경제, "와이즈앱, 야놀자, 휴가철 여행 앱 실사용자 1위 기록" (2017.09.19.)
84) Bloter, "렌딩클럽 창업자, '기술로 대출 투명화 이룩했어요'" (2015.05.15.)

적금금리를 제공하고 있다. 2017년 6월 현재 약 32조 원(287억 달러)의 누적 대출을 기록하였으며, 고객 분포를 빅데이터로 살펴보면 높은 A와 B 등급은 합하여 42%로 낮은 등급의 C, D, E, F, G가 58%로 과반 이상을 차지한다. 비교적 신용 등급이 낮은 사람들이 많이 사용하고 있다.[85]

렌딧 또한 P2P 방식으로 대출과 투자를 연결해주는 스타트업이다. 모든 서비스를 온라인으로 제공하여, 그에 따른 비용 절감을 통해 대출 고객에게 유리한 금리를 제공하고 있다. 투자는 10% 내외의 연평균 수익률을 제공하며, 다수의 채권에 포트폴리오에 투자금을 분산시켜 손실 위험을 낮추고 있다.[86] 다만 포트폴리오의 다수의 채권에서 부실할 경우 원금 손실이 일어날 수 있다는 투자 위험이 있지만, 렛딧 측은 신용등급모델을 토대로 손실률을 최대 5% 미만으로 예상하고 있다. 렌딧의 2016년 연차 보고서에 따르면 100만 건이 넘는 누적 건수를 통해 214억 원의 투자금을 유치하였으며, 평균 수익률은 10.66%를 기록하고 있다.

3) 배달 | 딜리버리 히어로와 배달의 민족

40개 이상 국가, 15만 개 이상의 식당에서 사용하는 음식주문 배달 서비스 스타트업인 딜리버리히어로(Delivery Hero)는 2011년 독일 베를린에서 니클라스 오스트버그(Niklas Osteberg)와 3명이 공

---

85) Lending Club, "Lending Club Statistics" (2017.06.30.)
86) 렌딧 홈페이지, "자주하는 질문" (loan.lendit.co.kr/faq)

동 창업했다. 창업자의 뛰어난 리더십으로, 창업 첫 해에 멕시코, 호주와 러시아 등 해외로 진출했다. 국내에는 요기요(YoGiYo)를 통해 진출했다. 세계적으로 5개의 개발센터를 두고 있는데, 국내 개발센터에는 50여 명이 챗봇을 통한 한국어 서비스에 집중하고 있다. 고객이 좀 더 쉽게 주문할 수 있는 환경을 제공하기 위한 것이다.[87]

국내 배달앱 시장을 선도하고 있는 배달의 민족은 디자이너 출신인 김봉진 대표가 설립한 '우아한형제들'에서 2010년 제작한 앱이다. 모바일 앱을 통해 주변 맛집을 파악하고 이용 후기를 비교해 원하는 메뉴를 선택할 수 있게 한, 당시로서는 새로운 개념의 서비스였다. 배달의 민족은 이후 꾸준히 성장하여 2014년 골드만삭스로부터 400억 원의 투자를 유치했고, 2016년 4월 570억 원의 후속 투자를 유치했다.[88] 닐슨코리안클릭의 자료에 따르면 2012년 10월 이후 2016년 11월까지 약 4년여의 기간에 걸쳐 국내 배달앱 순방문자수 1위를 지키고 있으며, 이는 업계 내 전체 수치 중 70%를 차지한다. 우아한형제들 김봉진 대표는 '이용자와 가맹업주 모두에게 더 나은 고객 가치를 제공하려는 노력이 이런 성과의 원동력'이라고 설명했다.[89] 현재 국내 시장은 배달의 민족과 요기요라는 2강 체제로 굳혀진 상태로, 두 회사의 수익성은 빠르게 개선되고 있다.

---

87) Bloter, "요기요, 딜리버리히어로, 인공지능 챗봇에 음식 주문하세요" (2017.03.21.)
88) 곽재민(2016), "배달의민족, 우아한형제들", 큰글씨책
89) 조선일보, "우아한형제들, 배달의 민족 월 주문수 1000만 돌파" (2017.01.10.)

4) 택시 | 그랩택시와 카카오 택시

그랩택시가 만들어진 계기는 2011년으로 거슬러 올라간다. 하버드 비즈니스 스쿨에 재학 중이던 앤서니 탄$^{Anthony\ Tan}$은 그의 고향인 말레이시아에서 택시를 잡는데 어려움을 겪었던 경험을 되살려 마이택시^{MyTeksi}라는 콜택시 앱 사업 아이디어를 구상했다. 그리고 2012년 그랩택시^{GrabTaxi}가 말레이시아에서 첫 서비스를 시행했다. 이후 이듬해부터 꾸준히 사업 영역을 넓혀 필리핀, 싱가포르, 태국, 베트남, 인도네시아 등 동남아 주요 국가들에 진출했다. 창업 6년 만에 4,500만 건의 다운로드를 기록하였고 기업가치 60억 달러를 바라보고 있다. '동남아시아판 우버'라는 명성과 함께 동남아 1위의 차량공유 서비스 업체로서 입지를 다지고 있다.

그랩택시의 성공 배경에는 공유경제 사업 모델과 함께 '차별화된 현지화 전략'이 있었다. 먼저 국가마다 현지 문화와 사업 환경에 최적화된 서비스를 제공하며 결제 방식도 상황에 따라 달리 유연하게 적용했다. 또 다른 차량공유 서비스 기업들과는 달리 빠른 글로벌 전략 대신 동남아 6개국 내에서의 완벽한 현지화를 추구하며 탄탄한 기업 토대를 마련하는데 초점을 두고 있다.

카카오택시^{KakaoTaxi}는 한국 대표 IT 기업인 카카오가 스마트 모빌리티$^{Smart\ Mobility}$ 영역으로 O2O 서비스를 확장하는 차원에서 2015년 출시한 콜택시 서비스 앱이다. 공급자와 수요자가 플랫폼을 공유해 서비스 거래가 이루어진다는 점에서 기존의 콜택시와는 차별화되며, 넓은 의미의 공유경제에 포함된다.

카카오택시는 2010년 출시한 글로벌 모바일 인스턴트 메신저 서비스 카카오톡^{KakaoTalk}을 통해 확보한 압도적인 규모의 사용자 기반을 앞세워 출시 3개월 만에 누적 콜 수 500만 건, 가입자 수 140만 명, 가입 기사 수 14만 명을 기록했다. 2016년 누적 콜 수 2억 1,000만 건, 누적 승객 가입자 수 1,200만 명, 가입 기사 수는 23만 명을 달성했다. 가입 기사 수는 전국 택시기사의 92%에 해당한다. 뿐만 아니라, 카카오페이^{KakaoPay}의 자동결제 기능을 도입해 카카오택시 앱 이용자들에게 결제 편의를 향상시키는 등 카카오 플랫폼의 역량도 강화하고 있다.

5) 병원 | 작닥과 굿닥

작닥^{ZocDoc}은 의사와 환자를 연결하는 공유경제 플랫폼으로 온라인 의료 관리 스케줄링 서비스를 제공한다. 2007년 미국 뉴욕에서 사이러스 매소미$^{Cyrus\ Massoumi}$, 닉 간주$^{Nick\ Ganiu}$, 올리버 카라즈$^{Oliver\ Kharraz}$가 헬스케어 혁신을 목적으로 공동 창업했다. 사이러스 매소미가 고막이 파열되어 의사와 진료 일정을 잡는데 나흘이나 걸려 불편함을 겪은 것이 주요 창업 동기가 되었다고 한다.

작닥은 환자가 의사 스케줄을 온라인으로 확인하고, 보다 효율적으로 의사와 연결될 수 있도록 한다. 기존에 길게는 몇 주 이상 걸리던 의료 서비스 절차를 크게 단축시켜 미국 의료 서비스 혁신을 가져온 기업으로 평가 받는다. 작닥의 기업가치는 18억 달러에 이르며 매달 600만 명이 넘는 환자가 작닥 플랫폼을 이용하고 있다.

굿닥^{GoodDoc}은 2011년에 설립되어 서비스 출시 2개월 만에 10만 명, 4개월 만에 20만 명의 사용자를 확보하는 등 선풍적인 인기를 얻었다. 창업 1년 만에 10억 원의 기업 가치를 인정받아 2012년 옐로모바일^{YelloMobile}에 인수·합병되면서 국내 1위 의료 정보 제공 모바일 앱 서비스로 떠올랐다. 이용자들은 굿닥을 통해 보다 쉽고 빠르게 주변 병원들의 위치와 진료 정보를 찾을 수 있다. 굿닥은 타 의료 정보 검색 서비스들과 차별화하기 위해 단순 인터넷 검색만으로는 찾기 어려운 정보 또한 수집하고 제공한다. 또 약국 찾기 기능, 증상별 병원검색, 오픈형 건강정보 질의응답 등의 기능을 도입해 모바일 의료 콘텐츠 기능까지 구현하고 있다. 굿닥은 다양한 마케팅 전략을 통해 매년 기하급수적인 성장을 거듭해 현재 연 매출 100억 이상을 자랑하는 모바일 의료검색의 선구자로 자리매김하고 있다.

6) 중고 직거래 | 아비토와 중고나라

아비토^{Avito}는 2007년 요나스 노드랜더$^{Jonas\ Nordlanderr}$와 필립 엥겔베르트$^{Fillip\ Engelbert}$가 설립한 이것은 러시아 최대 규모의 항목별 광고 플랫폼$^{Generalist\ Classifieds\ Platform}$이자 다양한 정보의 공유를 이루는 플랫폼이다. 미국의 대표적인 지역 생활정보 사이트 크레이그리스트^{Craiglist}와 중국의 유사 웹사이트 58닷컴$^{58.com}$의 뒤를 이어 전 세계에서 세 번째로 큰 웹 커뮤니케이션 및 전자 상거래 서비스 포탈이다. 2015년 기준 매 달 3,500만 명의 순 방문자 수, 약 86억 페이지 뷰를 기록했다.

중고나라는 한국의 대표적인 중고 물품 거래 플랫폼으로, 구매자와 판매자를 연결시켜주며 공유경제의 사업 모델을 따르고 있다. 2003년 12월 네이버의 온라인 커뮤니티로 처음 시작되었는데, 2016년 12월 기준 1,586만 명의 회원을 보유하고 있으며 현재 네이버 카페 회원 수로 1위를 차지하고 있다. 중고 물품 판매 희망자가 해당 상품에 대한 사진 및 설명 글을 게시하면 구매 희망자가 직접 연락을 취해 거래를 하는 방식으로 운영된다. 2015년 4월 ㈜큐딜리온에서 모바일 앱을 출시해 사용자의 편의성을 높였다.

7) 여행 | 블라블라카와 마이리얼트립

블라블라카^{BlaBlaCar}는 프랑스의 대표적인 차량공유 커뮤니티이다. 2006년 프레드릭 마젤라$^{Frédéric\ Mazzella}$가 프란시스^{Francis}, 니콜라스^{Nicolas}와 공동 창업했다. 도시 간 또는 장거리를 이동할 때 목적지가 같은 운전자와 탑승자를 연결해주는 공유경제 서비스를 제공한다. 블라블라카의 카풀링 서비스는 대중교통의 대체수단으로 유럽전역에서 인기몰이를 하며 전 세계 22개국 4,500만 명에 이르는 회원을 보유하고 있다. 또한, 많은 해외 여행객들이 애용하고 있다.

지난 2016년 인사이트 벤처 파트너스$^{Insight\ Venture\ Partners}$를 주축

으로 다양한 벤처캐피털 회사들로부터 2억 달러에 달하는 투자액을 유치 받아 프랑스 스타트업 역사상 최고 금액 투자 유치를 기록했다. 동시에 10억 달러 규모의 글로벌 유니콘으로 자리잡았다.

마이리얼트립MyRealTrip은 '가이드 중개플랫폼'이라는 아이디어로 설립된 현지여행 전문 스타트업이다. 2012년 2월 이동건 대표가 창업한 이래 5년간 폭발적인 성장세를 보이며 국내에서 최다 투어 및 리뷰 수를 보유하고 있다. 마이리얼트립은 세계 각지에 거주하고 있는 현지인들이 직접 가이드로 참여해 온라인에서 여행 상품을 만들고 등록할 수 있는 여행 공유경제 플랫폼이다. 이로써 여행상품의 유통단계를 획기적으로 줄이고 현지 가이드와 여행자 모두에게 더 나은 가치를 제공하고 있다. 나아가, 진정한 글로벌 서비스를 지향하며 전 세계 73개국 420여 개의 도시로 뻗어나가 총 11,500여 개의 상품을 선보이고 있다.

8) 하이크와 고젝

하이크Hike는 2012년 12월 인도에서 카빈 바티 미탈Kavin Bharti Mittal이 최초 개발 및 출시한 크로스 플랫폼 인스턴트 메시징 서비스 업체다. 인도에서 공유경제가 확산되자 중국의 대표적인 메신저 위챗을 소유한 텐센트로부터 약 1억 7,500만 달러의 자금을 조달 받는 등 여러 글로벌 기업들로부터 투자를 받아 유니콘 기업에 선정되기도 했다. 하이크 메신저Hike Messenger는 인도

토종 메신저 모바일 앱으로 설립 이후 5년 만에 1억 명 이상의 사용자 수를 확보하였고, 하이크 사용자들은 하루 평균 3억 개 이상의 스티커와 400억 개 이상 문자 메시지를 전송하고 있다.

고젝^{Go-Jek}은 하버드대학교 경영대학원을 졸업한 나디엠 마카림^{Nadiem Makarim}이 2010년 설립한 스타트업이다. 교통체증이 심한 인도네시아에서는 좀 더 신속하게 이동하기 위해서 주로 오토바이 택시인 오젝^{Ojek}을 이용한다. 고젝은 오젝과 승객을 연결해주는 모바일 앱 서비스를 제공한다. 고젝은 인도네시아 1위의 O2O 오토바이 공유 서비스 업체이자 유일한 유니콘 기업이 됐다. 인도네시아 전체 인구의 10%인 2,500만 명이 고젝을 이용 중이며 하루 이용 건수 약 25만 건을 기록하고 있다. 중국 텐센트 등으로부터 12억 달러를 투자받아 기업가치가 30억 달러로 평가되었다.

9) 송금(핀테크) | 트랜스퍼와이즈와 토스

트랜스퍼와이즈^{TransferWise}는 2011년 1월 영국 런던에서 크리스토 카만^{Kristo Käärmann}과 타벳 힌리커스^{Taavet Hinrikus}가 설립한 세계 최대 P2P 해외 송금업체다. 이 회사는 큰 범주에서 공유경제의 한 형태에 속한다. 트랜스퍼와이즈는 기존의 송금 비용을 약 8분의 1 수준으로 줄여 5년 만에 전 세계 60여 개국에서 100만 명 이상이 매일 7억5천만 달러 이상을 주고받는 서비스로 성장했다. 2016년 기준 기업 가치는 10억 달러 이상으로 평가 받고 있으며 핀테크 시대가 도래 하면서 각광 받고 있다.

토스^{Toss}는 2015년 2월 국내 핀테크 스타트업인 비바리퍼블리카^{VivaRepublica}가 개발한 간편 및 안전 송금 서비스이다. 공유경제를 기반으로 P2P 결제 서비스부터 부동산 P2P 투자까지 가능케 했다. 토스는 간편송금 뿐만 아니라 신용관리, 통합 카드내역, 환전, 대출 맞춤추천, ATM 현금찾기 등 다양한 금융 서비스를 제공하며, 거래 건수 기준 국내 모든 간편송금 서비스 시장에서 95%에 이르는 시장 점유율을 차지하는 등 독보적인 지위를 자랑하고 있다.

10) 공유사무실 | 위워크와 르호봇

위워크^{WeWork}는 2010년 미국 뉴욕에서 아담 노이만$^{Adam\ Neumann}$과 미구엘 맥켈비$^{Miguel\ McKelvey}$가 설립한 작업 공간 공유 서비스 기업이다. 프리랜서, 스타트업, 중소벤처기업, 대기업 등에게 사무실을 대여하면서 커뮤니티 조성 및 다양한 서비스들을 함께 제공하고 있다. 위워크는 전 세계 16개국, 50여 개 도시에 진출해 있다. 또 설립 7년 만에 기업가치가 200억 달러를 넘어서면서 세계에서 여섯 번째로 큰 유니콘 기업으로 자리 잡았다.

국내 최대의 비즈니스 센터 프랜차이즈인 르호봇^{Rehoboth} 비즈니스 인큐베이터는 노마드 창업자들을 위한 네트워킹 협업공간으로, 공동작업 공간과 기존의 독립된 사무공간이 결합된 형태의 '코워킹 오피스$^{co\text{-}working\ office}$'를 런칭했다. 르호봇은 1인 창업자 및 예비 창업자들에게 자금대출 지원 사업과 창업 세미나 등의 기회를 제공하며 현재 46개 비즈니스 센터에 4,160개의 기업들이 입주해있다.

11) 부동산 | 질로우와 호갱노노, 다방

질로우^{Zillow}는 미국의 대표적인 온라인 부동산 데이터베이스 전문 웹사이트다. 2006년 리치 바턴$^{Rich\ Barton}$과 로이드 프링크$^{Lloyd\ Frink}$가 설립한 이후 2011년에 온라인 부동산 목록을 만들고 배포하는 플랫폼인 포스트렛^{Postlets}을 인수해, 부동산 테크기업으로 성장했다. 2017년 현재 매달 1억 6천만 명의 방문자 수를 기록하고 있고, 질로우 데이터베이스에는 1억 1천여 개의 미국 거주지들이 등록되었다.[90] 그런데 여기서 주목할 점은 기존 부동산 산업에서의 투자 개념이 바뀌었다는 것이다. 과거 부동산 산업의 투자가 땅을 사고 새로운 건물을 짓는 것으로부터 창출되는 수익을 기반으로 했다면, 이제는 질로우와 같은 공유경제 기반의 부동산 IT회사에 투자하고 회사의 성장과 배당을 통해 이윤을 추구할 수 있게 됐다.

다방^{Dabang}은 스테이션3^{Station3}의 한유순 대표가 2013년 창업한 국내 부동산 온라인 중개플랫폼이다. 다방은 2017년 현재 매달 사용자 수 300만 명, 총 매물 21만 건, 누적 설치 수 1,500만 건 이상을 기록하며 지난해 대비 매출이 280%나 성장했다. 부동산 중개 서비스 외에도 월세 자동 결제 시스템 도입과 허위매물 분석 자동화를 위한 알고리즘 개발 등에 힘쓰면서, 국내 부동산 시장에 새로운 패러다임을 개척하고 있다.[91]

---

90) DMR, "33 Amazing Zillow Statistics" (2017.10.09.)

호갱노노^{Hogangnono}는 국내 부동산 정보 서비스 스타트업이다. 사용자들은 전국 아파트와 오피스텔의 실거래가 및 시세 정보를 쉽고 빠르게 지도에서 확인할 수 있다. '호갱'이란, 정보 불균형으로 인해 피해보는 사람들을 일컫는 '호구'와 '고객'을 합성한 은어다. 심상민 호갱노노 대표는 '해당 앱을 이용하여 더 이상 호갱은 되지 말자'는 취지로 서비스를 시작하였다고 한다. 호갱노노는 특히 정부가 공개하는 다양한 공공데이터를 보기 쉽게 모아 정리했다. 부동산 시장 정보 불균형 해소를 위한 차별화 전략이다. 호갱노노는 올해 활성사용자^{MAU} 평균 성장률 32%를 기록하며 CKD창업투자, KT인베스트먼트, IBK캐피탈 등으로부터 23억 규모의 투자를 유치 받았다.[92]

12) 고용 | 업워크, 태스크래빗과 알바몬, 위시캣

업워크^{Upwork}는 2013년 이랜스^{Elance}와 오데스크^{oDesk}가 이랜스-오데스크$^{Elance\text{-}oDesk}$로 대규모 합병한 후, 2015년에 업워크라는 이름으로 새로이 출범한 기업이다. 현재 연간 10억 달러 이상 규모의 일자리를 중개하고 있다.[93] 업워크는 다양한 분야의 프리랜서와 프리랜서를 필요로 하는 클라이언트(개인과 기업들)를 연결해주는 글로벌 온라인 프리랜서 플랫폼으로, 인간을 공유하는 공유경제 플랫폼이라고 할 수 있다. 사용자들은 업워크의 디지털 네트워크를 통해 보다 용이하게 프리랜서들의 프로

---

91) IT동아, "다방, 허위매물 줄이고 사용자 편의성 개선한다" (2017.07.18.)
92) 한국경제, "부동산 정보 스타트업 '호갱노노', 23억 규모 투자 유치" (2017.09.11.)
93) FreeeUp, "A Freelancer Marketplace Comparison: Upwork vs. Freeelancer vs. FreeUp vs. Fiverr" (2017.09.12.)

필을 검색하고, 인터뷰를 요청하고, 즉각 고용하거나 함께 일할 수 있다. 일을 찾거나 일할 사람을 찾는 기존의 방식을 완전히 뒤바꿨다는 점에서 시사하는 바가 크다.⁹⁴⁾

태스크래빗^{TaskRabbit}은 프리랜서 노동자들을 연결해주는 온라인 및 모바일 시장플랫폼이다. 사용자들은 청소, 운반, 배달 등과 같이 일상의 간단한 일거리들을 대신 처리해줄 사람들을 이곳에서 찾을 수 있다. 태스크래빗은 '이웃들을 돕는 이웃들'이라는 아이디어로 2008년 레아 버스크^{Leah Busque}가 창립한 이후 2014년에 1억 2500만 명의 사용자 수를 기록했다.⁹⁵⁾ 태스크래빗은 개인의 자투리 시간을 노동의 기회로 발전시키며, 동시에 타인을 돕는 의미 있는 방법으로 수익을 창출할 수 있다는 새로운 가치를 부여하고 있다. 2017년 스웨덴의 가구 제조 기업 이케아^{IKEA}에 의해 인수되었다.⁹⁶⁾

알바몬^{Albamon}은 2004년 국내 최대 규모의 온라인 취업 전문 기업 잡코리아^{JOBKOREA}가 출시한 아르바이트 전문 구인구직 포털이다. 2017년 2월 구인구직 앱 총 사용자 수 157만 명으로 국내 최대 사용자를 보유하고 있다.⁹⁷⁾ 알바몬은 아르바이트를 구하는 10대, 20대의 구직자들과 아르바이트생을 구하는 중소 상인들을 연결하는 국내 대표적인 사람을 공유하는 공유경

---

94) TheGuardian, "How the sharing economy is transforming the freelance landscape" (2016.08.10.)
95) TheVerge, "TaskRabbit is blowing up its business model and becoming the Uber for everything" (2014.06.17.)
96) BusinessInsider, "Ikea has acquired TaskRabbit — and it could fix the most annoying thing about the furniture giant" (2017.09.28.)
97) Platum, "2017년 2월 구인구직 앱, 사용자 1등 '알바몬'" (2017.03.16.)

제 플랫폼이다.[98]

위시켓[Wishket]은 기업의 IT프로젝트와 IT전문 인력을 보유한 개발회사 혹은 프리랜서 개발자들을 연결하는 IT개발 아웃소싱 플랫폼이다. 주로 앱, 웹 개발과 UI 및 UX 디자인 등 기업들의 IT 프로젝트 외주 서비스를 지원한다. 기존의 외주에 대한 낮은 신뢰도를 개선하여 2016년 12월 자사 플랫폼에 등재된 개발회사 및 프리랜서 개발 전문가 수가 3만 명이 넘어섰다. 또, 6천여 개의 프로젝트에서 566억 규모의 프로젝트 비용을 달성하였고,[99] 2017년 현재 거래 총액 100억 이상을 내다보고 있다.[100]

13) 쇼핑 | 제트닷컴과 다나와

제트닷컴[Jet.com]은 식료품과 잡화 등 다양한 물품을 판매하는 온라인 쇼핑몰이다. 아마존의 임원으로 2년 간 근무했던 마크 로어[Marc Lore]가 2014년 회사를 나와 "아마존보다 싼 가격에 물건을 팔겠다."며 마이크 한라한[Mike Hanrahan], 네이트 파우스트[Nate Faust]와 함께 탄생시킨 스타트업이다. 제트닷컴은 설립 당시 제품을 직접 판매하지 않고 소비자와 판매자를 위한 마켓플레이스의 역할만을 수행할 것으로 규정하고, 아마존과 차별화하기 위한 다양한 전략을 사용했다. 먼저 아마존 프라임의 연회비인

---

98) KB금융지주 경영연구소, "공유경제(Sharing Economy)의 확산에 따른 기업의 대응과 최근 주요 논란," (2017.08.28.)
99) 매일경제, "IT개발 아웃소싱 플랫폼 위시켓, 개발회사&파트너 3만명 돌파" (2016.12.23.)
100) 1Boon, "'외주 하면 망한다'를 '믿고 맡기는 외주'로 바꿔 연 100억까지: IT 아웃소싱 플랫폼 위시켓 박우범 대표 인터뷰 (2017.08.02.)

99달러의 절반인 50달러를 연회비로 받았다. 또 당일 배송 서비스는 지원하지 않는 대신 배송기간 연장에 따른 추가 할인을 제공하고, 동일 품목 대량 구매를 유도해 배송비용을 절감하면서 아마존에 전면전을 벌였다. 제트닷컴은 창업 2년 만에 연 매출 10억 달러를 기록했다. 회원 수 360만 명, 입점 업체 1,600곳을 확보하자 2016년 8월 미국 대형 유통업체 월마트^{Walmart}가 33억 달러에 인수하였다.[101]

다나와^{Danawa}는 2000년 컴퓨터 및 디지털 카메라 관련 가격비교 정보 제공을 목적으로 설립되었다. 그러다가 2002년 다양한 상품으로 사업 영역을 확장하며 가격 비교 서비스뿐만 아니라 양질의 쇼핑정보를 제공하는 포털 사이트로 발전했다. 특히 PC, 노트북, 가전제품 등 다양한 IT기기 및 관련 부품에 있어 국내 최고의 정보 제공자로서, 구매자와 소비자를 연결하는 데 집중하였다. 덕분에 '온라인 용산전자상가'로 불리기도 했다. 다나와는 설립 이후 가격비교 측면에서 키워온 경쟁력을 기반으로 기존의 PC 가격비교 쇼핑몰에서 벗어나 자동차, 여행 등 새로운 사업 분야에 다시금 진출해 생활분야 전반을 아우르는 가격비교 플랫폼으로 발돋움하고 있다.[102]

---

101) 한국경제, "제트닷컴 창업자 마크 로어 '온라인의 코스트코' 창업" (2016.08.25.)
102) 연합뉴스, "다나와, 여행 가격 비교 서비스 론칭" (2017.04.12.)

SHARING PLATFORM ECONOMY

제4장

플랫폼 생태계 전략

PART 1 | 플랫폼의 구조
PART 2 | 플랫폼 생태계 경쟁
PART 3 | 거대 플랫폼 기업의 전략적 행보
PART 4 | 미래 플랫폼 생태계 경쟁
PART 5 | 플랫폼 생태계 조성 전략

Part 1

플랫폼의 구조

아이젠만에 의하면 플랫폼 구조^{Architecture}를 구성하는 구성요소^{Component}와 규칙^{Rule}의 설계는 공통역량을 공유함으로써 효율을 달성하는 단계이다. 플랫폼을 구성하기 위해 이 최소한의 구성요소를 초기에 개발 및 제공하는 사업자를 플랫폼 공급자라고 정의한다.

규칙은 플랫폼 공급자가 구성한 구성요소를 재사용 또는 응용해서 새로운 이해관계자들이 부가가치를 창출할 수 있게 하는 일정한 규칙과 프로세스를 의미한다. 이 규칙에 적극 참여하여 초기 플랫폼 공급자와 이해관계를 형성하며 시장의 크기를 키우는 사업자를 '플랫폼 후원자^{Sponsor}'라고 정의한다. 플랫폼의 성공을 위해 중요한 것은 이들 플랫폼 공급자와 플랫폼 후원자가 플랫폼의 네트워크로 가치를 창출하는 것이다.

오픈 플랫폼 구조

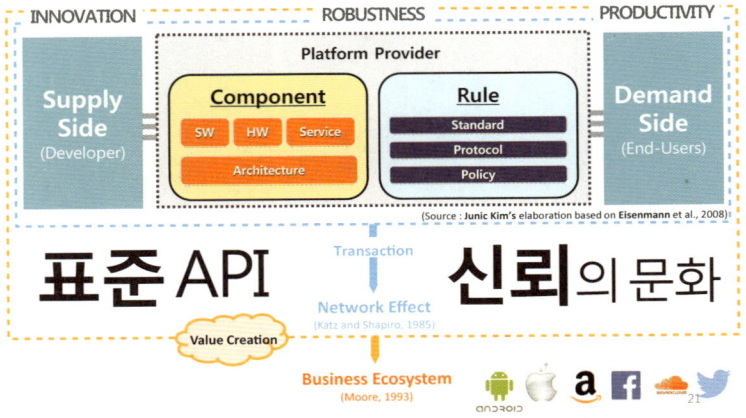

자료: Eisenmann(2008) 재구성

공항 플랫폼의 예를 통해 구성요소와 규칙을 분석해 보면 다음과 같다.

- 구성요소(component): 공항을 이루고 있는 인프라와 자원, 제도 등
- 규칙(rule): 공항을 이용하는 절차나 탑승수속 등과 같은 규칙
- 다양한 항공사와 공항을 이용하는 승객들을 연결하는 동시에 여행사, 면세점 등의 이해관계자들이 참여하여 다양한 생태계를 이루고 있다.

자료: ROA 컨설팅 참조하여 작성

플랫폼에 의한 가치창출과 가치분배 | 플랫폼 비즈니스 모델

　플랫폼의 구조를 잘 세워 플랫폼에 의한 가치창출과 가치분배의 선순환이 일어나도록 해야한다. 플랫폼에 의해 창출되는 가치는 자원과 연결을 공유함으로써 얻는 다양한 가치이다. 이 중에는 반복되는 비용의 절감과 플랫폼 참여로 각 참여자들이 얻는 가치들이 포함되어 있다. 이렇게 창출된 가치는 사용자, 개발자, 참여자에게 먼저 배분하고 플랫폼 사업자는 플랫폼의 가치를 증대하여 수익으로 연결시키는 것이 가장 좋은 방법이다. 이는 서로에게 선순환되어 생태계 전체가 성장할 수 있는 방법이기 때문이다.

플랫폼의 가치창출과 분배

구성요소Component와 규칙Rule의 설계

플랫폼 구성요소

구성요소Component란 하드웨어, 소프트웨어, 서비스 모듈과 이를 포괄하는 아키텍쳐를 포함하는 개념으로 플랫폼과 연결될 수 있는 단말기(스마트폰 등), 단말기를 작동시키는 OS, 각종 SW와 HW 기술 등을 의미한다.

'하드웨어와 디바이스'는 플랫폼의 가치를 전해주는 물리적인 틀이다. 예를 들어 보자. 애플의 iTunes은 음악과 앱을 저장, 유통할 수 있는 시스템이다. 아이폰, 아이팟, 아이패드 등은 단말기에 해당한다. '콘텐츠'는 디바이스를 움직이는 무형의 소프트웨어와 콘텐츠이다. '인터페이스'는 대상과 대상의 상호작용을 가능하게 하는 것(공간, 수단)으로 언어, 프로그래밍 언어, 커뮤니케이션 표준 등에 해당한다.

API의 개방

API$^{\text{Application Program Interface}}$를 개발자들에게 개방하는 것은 개발자가 핵심역량에만 집중하여 쉽게 개발을 할 수 있도록 하기 위함이다. 프로토콜은 API를 구현할 때 적용되는 기초적인 원칙으로, 추상화된 언어를 통해 데이터 교환, 구성요소 간의 소통에 대한 규칙을 의미한다. Open API는 누구나 사용할 수 있는 공개된 API로, 기업 및 기관이 보유한 콘텐츠 및 데이터를 누구나 쉽게 활용하고 웹 서비스 및 애플리케이션 개발을 지원하기 위하여 외부에 공유하는 것을 의미한다.[103]

API 경제

	API & API Economy
API	- Application Programmable Interface - 소프트웨어 컴포넌트들이 각각 어떻게 상호 작용을 할 것인지 구체적으로 정의 • Storage 기능, Audio /Video 기능 등
Web API	- 웹 표준 기반 기술을 사용해 원격 커뮤니케이션을 할 수 있는 소프트웨어 컴포넌트들의 인터페이스
API Economy	- API를 다양한 서비스 생태계 및 비즈니스 프로세스에 접목시켜 창출되는 다양한 경제적 가치 창출력을 감안한 개념 • API 개방을 통해 조직들이 더 빠르게 혁신하고, 데이터 통합 및 전달 인터페이스를 제공하여 데이터 접속 및 거래를 확산

API의 파레토 법칙
- 제품 및 서비스를 차별화할 수 있는 나만의 무엇은 20%, 나머지 서비스를 구성하는 API & Cloud

서비스 / API & (Cloud)

자료: 3SCALE

103) http://www.nsdi.kr/kor/08_expert_openapi/sub02_01.do

API는 데이터 APIs, 거래 APIs, 통합 APIs, UI APIs, 앱 컴포넌트 APIs, 유틸리티 APIs 등 다양한 종류가 있다.

규칙^{Rule}의 설계

플랫폼을 구성할 때 구성요소도 중요하지만, 규칙의 설계가 성공의 관건이다.

규칙^{Rule} 설계는 소위 '물 관리'라고도 할 수 있다. 좋은 규칙은 이해관계자들에게 선순환될 수 있는 가치창출과 가치분배의 규칙을 가지고 있다. 구글이 의료 정보 플랫폼으로 2008년 개시했던 '구글헬스' 서비스는 표준화 관리에 실패하여 서비스를 중단했다. 환자와 병원을 연결하는 PHR^{Personal Health Record} 플랫폼으로 설계했으나, 환자의 정보 입력 관리와 병원의 데이터 표준화에 대한 관리 및 신뢰가 구축되지 않았기 때문이다. 병원들은 의료 사고의 위험을 감수할 수 없어 서비스 이용을 회피했다.

품질관리를 위한 운영 규칙^{Rule}의 설계

'악화가 양화를 구축한다'라는 말이 있듯이 플랫폼의 물 관리(품질관리)는 중요하다. 1970-80년대 미국 가정용 비디오 게임 시장의 80%를 점유했던 아타리^{Atari}의 경우를 예로 들어 보자. 아타리는 1972년 놀런 부슈널이 창업하여 세계 최초의 비디오게임인 퐁을 내놓으면서 아케이드 게임과 가정용 게임 시장을 주름잡았다. 그러나 미허가 SW가 범람하여 플랫폼 품질이 급격히 저하되었고 1982년 말에는 급기야 과열된 판매 경쟁으로 플랫폼이 붕괴됐다. 바로 1983년 아타리 쇼크다. 게임 업계에서는 1929년 10월 24일에 일어난 주가 대폭락 사건인 검은 목요일에 비교할 정도로 큰 사건이었다.

이런 과거의 경험을 거울삼아 닌텐도는 암호화 및 보안을 강화했고, 아이폰은 앱(콘텐츠) 심사로 품질을 체크하고 있다. 유튜브는 자율관리와 인센티브 방식으로 품질관리를 하고 있다. 이용자들이 스스로 콘텐츠의 품질을 평가하는 '자율 정화 시스템'과 '안전모드' 기능을 통해 질 낮은 콘텐츠를 자동 차단하고 있다. 한편 규칙을 준수하는 회원에게 업로드 용량을 늘려주는 강력한 인센티브 제공한다. 또 저작권 보호 시스템인 '콘텐츠 ID'를 개발하여 저작권 침해 영상을 가려내고, 저작권자에게 광고 수익 분배 방식의 이익 공유를 제안하여 불법 콘텐츠를 합법화, 양성화하고 있다.

물 관리를 위해서는 참여자를 제한 및 관리하거나, 정보 및 콘텐츠의 품질을 관리하는 장치가 필요하다. 경험재의 경우, 구매자와 판매자 간 거래대상 제품에 대한 정보가 비대칭적으로 주어진 상황에서 거래가 이루어짐으로써 우량품은 자취를 감추고 불량품만 남아도는 레몬시장의 문제가 있다. 스크리닝과 함께 참여자간의 커뮤니케이션을 활성화하여 평판 등으로 정보 비대칭을 극복하는 것이 문제를 해결하는 방안이다.

플랫폼의 '품질 인증 Quality certification' 방식은 1) 플랫폼 진입이나 활동을 규제하는 '하드 Hard 방식'과 2) 공급자에 대한 신뢰도 평가나 제품 만족도 정보를 제공해 소비자가 스스로 선택하는 '소프트^{Soft} 방식'이 있다. 또 플랫폼 진입이나 행동을 사전 규제 또는 사후 통제 방식으로도 나눌 수 있다.

피처폰 시대에서 스마트폰 시대로 넘어오면서 플랫폼 제공자와 3rd 파티(개발자) 간의 분배의 룰^{Rule}이 '70(플랫폼):30(개발자)'에서 '30(플랫폼):70(개발자)'으로 변화했다. 즉 피처폰 시대에는 통신사의 지배력이 막강하였지만 스마트폰 시대에는 앱마켓이 플랫폼으로서 지배력을 갖게 된 것이다. 이는 개발자들의 참여를 확대 개방하여 전체 시장을 키우는 방향으로 변화한 것이라고 할 수 있다.

플랫폼 생태계 모델

플랫폼은 생태계^{Ecosystem}

플랫폼이란 흩어져 있는 기업들의 활동을 연결해 주는 기술적인 요소와 플랫폼의 규칙들, 사용자·고객, 벤더, 그리고 파트너 등의 참여자들과 그들의 지배구조^{Governance} 등을 포괄하는 강력한 생태계다. 플랫폼에서는 일정한 양식(컴포넌트와 룰)을 매개로 참여자들을 연결시켜 비용이 절약되고 새로운 가치가 지속해서 창출된다.

플랫폼을 구심점으로 하는 생태계 내에서는 구성요소, 참여자들 간의 경쟁을 통해 진화가 이루어지며, 이들은 외부 환경

요인과 상호작용한다.

Platform ecosystem: Platform + Complements + Network effects

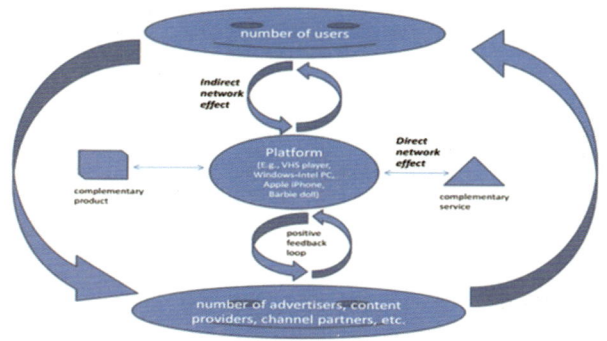

자료: MIT Cusumano 교수, "Staying Power"

앤드루 보인턴과 바트 빅터 교수는 플랫폼은 복잡한 시스템을 모듈화하여 '동적 안정성'을 가능케 한다고 주장한다. 좀 더 풀어서 설명하면 플랫폼의 작동과 진화를 통제하려면 세 가지 조건이 필요하다. 먼저 용도가 다양하고 탄력적이며, 모든 제품에 두루 적용할 수 있는 내부 프로세스(안정적 요소)를 지속적으로 구축해야 한다. 그리고 다양한 고객과 그들의 변화하는 요구(동적 요소)에 대해서 적절한 관리를 촉진해야 한다. 마지막으로 플랫폼과 주변 요소를 중개해 주는 인터페이스를 통제하면 된다.

Armit Tiwana(2010)의 플랫폼 진화 모델

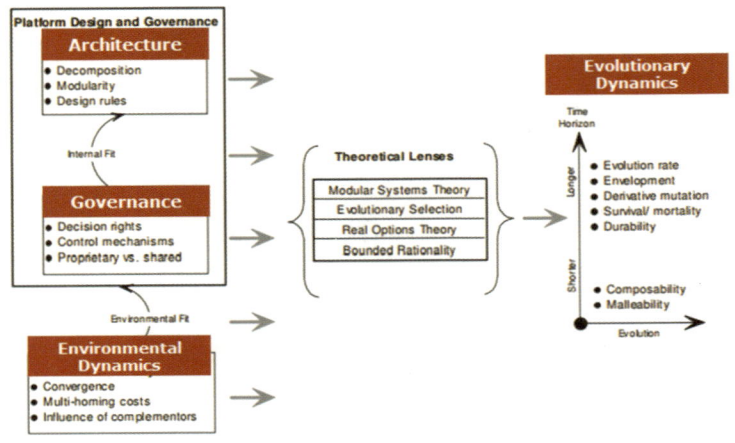

자료: Armit Tiwana, et al(2010)

플랫폼 생태계의 진화 모델[104]로 Armit Tiwana, et al(2010)의 모델을 소개한다. 플랫폼 생태계는 '플랫폼'과 '모듈', '인터페이스' 그리고 '외부 환경'으로 구성된다. 플랫폼 생태계에는 플랫폼과 다중 모듈이 존재하며, 인터페이스를 통해 서로 연결된다. 플랫폼과 모듈 그리고 인터페이스는 플랫폼 생태계를 구성하는 핵심 요소들로 아키텍처를 통하여 관리되고 공유된다.

플랫폼 생태계를 구성하는 참여자는 플랫폼 제공자[Platform Provider] 및 설계자, 보완자, 전도사 등이 있다. 플랫폼 제공자 및 설계자는 구성요소를 구축하여 플랫폼을 구축하고, 플랫폼에 담아낼 기기, 콘텐츠, 전달 방법을 결정하고 규칙[Rule]을 구상한

---

104) Armit Tiwana, et al(2010), Platform Evolution: Coevolution of Platform Architecture, Governance, and Environmental Dynamics
105) Eisenmann et al.(2008)과 Armit Tiwana, et al.(2010)의 모델을 재구성

다. 설계$^{Keystone,\ Platform\ leader}$ 보완자^{Complementor}는 앱 개발자이자 프로그램 제공자$^{Program\ Provider}$로서, 플랫폼을 보완하는 제품·서비스(보완재)를 개발하여 판매하는 틈새시장 개척자다$^{Niche\ player}$. 플랫폼의 구조^{Architecture}와 지배구조^{Governance}, 그리고 환경적 관계에 따라 '공진화'가 진행된다(Armit Tiwana, et al, 2010).

플랫폼 구조를 쉽게 이해하는 인수분해 모델은 이미 소개한 바 있어 생략하고자 한다.

플랫폼 생태계 프레임워크 모델[105]

플랫폼 구조^{Architecture}는 모듈 및 이에 따르는 플랫폼이 어떻게 안정적인 구조를 그리는지를 묘사한 청사진과 같다. 플랫폼 구조는 코드를 기반으로 하여 낮은 변화성과 높은 재활용성을 가진 플랫폼과 높은 변화성과 낮은 재활용성을 가진 모듈로 구성된다.

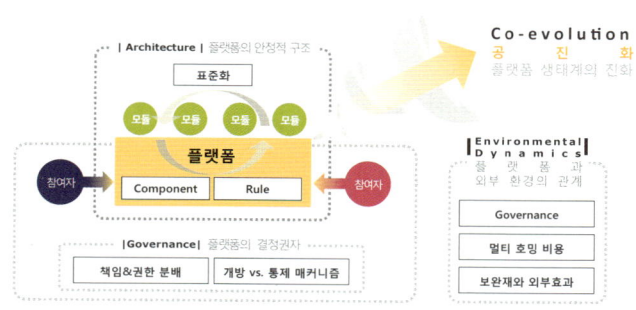

플랫폼 생태계 프레임워크 모델

자료: Eisenmann et al.(2008), Armit Tiwana, et al(2010) 수정

- (Decomposition) 분해특성은 플랫폼의 생태계(Ecosystem)의 가장 기초적인 구성요소를 독립된 기능에 따라서 분류한다. 각 프로세스들이 진화하더라도 서로의 연결고리에는 영향을 최대한 적게 주어 시스템의 복잡성을 줄이게 된다.
- (Modularity) 모듈화는 개별 개체들이 변화하더라도 상호간에 영향을 주지 않는 특성으로, 모듈화를 높이기 위해서는 모듈간의 상호 연계성을 낮추고 플랫폼과 모듈 간의 표준화를 도모한다.
- (Design Rules) 룰의 정의는 상호 운영성을 잘 지켜 생태계의 다른 부분과 연계가 잘 될 수 있도록 하는 것으로, 룰 디자인에는 가변성을 가지며 1) 얼마나 오랜 기간 동안 안정적으로 남아있을지, 2) 얼마나 융통성이 있는지 등 두 가지 특성이 있다.

플랫폼 지배구조(Governance)는 플랫폼에 대해서 누가 어떤 결정을 내리는지를 의미하고, 에코시스템 및 모듈의 진화에 영향을 미친다. 플랫폼 지배구조의 이슈는 플랫폼의 주인이 정직하게 플랫폼을 잘 관리함과 동시에 모듈 개발자가 혁신을 할 수 있도록 얼마나 자유를 허용하느냐이다.

- (결정 권한 분배) 플랫폼의 주인과 모듈 개발자 사이에 의사 결정 권한의 결정 이슈로, 권한의 결정권자가 가지는 책임과 권한을 분배한다.
- (통제) 통제의 의미는 플랫폼의 주인이 모듈 개발자들에게 바라는 행동을 하도록 유도하는 공식적, 혹은 비공식적인 방식, 혹은 그 반대(모듈 개발자에게)를 의미한다. 공식적 제어에는 결과의 통제와 과정의 통제 두 가지가 있다. 결과의 통제는 결과에 따른 보상과 벌칙을 주는 것이고 과정의 통제는 절차와 규칙을 준수하도록 하는 것이다.
- (상표권 이슈) 플랫폼이 단일 회사에 귀속되는지 여러 소유자가 존재하는지에 대한 문제이다.

플랫폼의 환경적 요인 Environmental Dynamics 으로는 컨버전스 Convergence 이슈, 멀티호밍 MultiHoming 비용, 보완재의 외부 효과가 있다.

- (멀티호밍) 플랫폼 A가 타겟으로 하는 그룹이 그와 유사한 경쟁 플랫폼에서 플랫폼 A가 제공하는 편익/효용을 누릴 수 있는 경우를 플랫폼의 멀티호밍(MultiHoming)이라고 한다. 플랫폼의 성공을 위해서는 이러한 멀티호밍을 잘 관리하여 고객이 플랫폼 A를 싱글호밍(SingleHoming)화 하도록 하여 플랫폼의 시장지배력을 높이는 전략이 필요하다.

- (멀티호밍 비용) 네트워크 효과가 클수록 특정 플랫폼으로 쏠림현상이 일어나게 된다. 멀티호밍 비용은 이용자가 하나 이상의 플랫폼을 활용하기 위해 지불해야 하는 비용으로, 소비자의 멀티호밍 비용이 클수록 하나의 플랫폼만 선택할 가능성이 높아진다. 그러나 차별화된 기능(다양성)에 대한 선호도가 크다면 다양한 플랫폼이 존재할 가능성이 크다. 예를 들어 OS 플랫폼의 경우 MS의 윈도우와 함께 애플의 매킨토시가 공존하는 것과 같다.

- (보완재의 외부효과) 플랫폼에서 창출된 네트워크 효과(외부성)는 스스로 내부화할 수 없어 중개인 역할을 하는 플랫폼이 필요하다. MS의 OS는 그 자체로 가치가 있는 것이 아니라 그 위에 탑재된 애플리케이션들의 서비스가 가치를 지닌 것이다. 즉, 플랫폼은 보완재가 없으면 사용자에게 가치를 전달할 수 없다. 플랫폼과 보완재 서비스와 제품 간에는 직접적 네트워크 효과로 서비스/제품이 증가하면 바로 플랫폼에 영향을 주지만, 사용자 수나 공급자 수는 긍정적 피드백을 통하여 보완재의 간접적 네크워크 효과를 갖게 된다.

Part 2

플랫폼 생태계 경쟁

플랫폼 개념의 확장

플랫폼의 개념은 HW부터 SW 및 서비스까지 확장되고 있다. 플랫폼은 기차역과 같은 오프라인 플랫폼에서 IT산업의 초기의 PC와 같은 하드웨어를 거쳐 OS라는 기본 소프트웨어에서 이제는 SNS, APP과 같은 응용 소프트웨어까지 확장되고 있다. 스마트폰 플랫폼 생태계의 경우 단말(D), 네트워크(N), 서비스(P), 콘텐츠(C) 산업이 각기 플랫폼화 되었다. 이제는 CPND를 넘어 모든 비즈니스가 공통요소는 공유하고 차별화된 혁신 요소로 경쟁하는 시대가 왔다. 이러한 패러다임의 변화가 4차 산업혁명 비즈니스의 추세다.

플랫폼 개념의 확장

공유경제의 진화는 기업 대 기업의 경쟁이 아닌 플랫폼을 중심으로 한 초협력 기업 생태계 간의 경쟁을 통해 이뤄지고 있다. 이제는 산업 내의 기업 간 경쟁이 아니라 산업 생태계 간의 경쟁시대가 됐다. 모든 기업이 자체적으로 완결된 비즈니스를 하는 '닫힌 가치사슬의 파이프 라인형 모델'에서 기업들의 핵심 역량에 집중하되, 상호 공통요소는 공유 협력하는 '네트워크형 열린 생태계 모델'로 전환되고 있다.

특히, 'OS 및 앱스토어를 중심으로 한 스마트폰 플랫폼 생태계'는 단말(D), 네트워크(N), 서비스(P), 콘텐츠(C) 사업자들로 구성된 하나의 거대한 초협력 생태계로 진화했다. 구글과 애플과 삼성은 생태계 내부에서는 서로 협력하는 가치사슬의 연합군을 이루어 다른 플랫폼 생태계와는 경쟁력을 강화하고 있다.

이것은 마치 숲 속의 생물 생태계와 같다. 경쟁과 협력이 복잡계로 얽혀있다. 진화된 산업 생태계는 속에서는 경쟁 전략이 근본적으로 변화하고 있다. 닫힌 비밀주의가 열린 협력주의로 전환되고 있다. 모두가 연결비용이 격감한 공유플랫폼이 촉발한 패러다임 변화다.

테슬라와 도요타는 각각 전기차와 수소 전지차에 대한 특허를 개방했다. 과거 산업 생태계에서는 있을 수 없는 일이었다. 그러나 이들의 궁극적 목적은 관련 산업 생태계를 키우기 위해서 개방을 선택했다. 또 페이스북과 에어비앤비 등은 핵심 소프트웨어들을 깃허브에서 개방 공유하고 있다. 자기편을 확대하기 위한 생태계 경쟁이고 우수 인력을 확보하기 위한 요소 경쟁으로 해석된다. 왜 구글의 딥마인드가 알파고의 소스코드를 공개했는가도 같은 맥락에서 이해될 수 있다.

개별 기업에서 기업생태계 전략으로[106]

플랫폼 경제로 전환되면서 글로벌 비즈니스도 변화를 맞이하고 있다. 과거의 기업 활동은 분석적 사고에 바탕을 두었고, 단순계로 간주됐다. 연구개발, 제조, 마케팅과 같은 일련의 기업 활동은 독립된 프로세스였으며 효율성을 추구했다. 그 결과 기업들은 새로운 시장을 창출하기 보다는 원가를 절감하는 방식

---

106) KCERN(2017.8), "4차 산업혁명 시대의 글로벌 플랫폼 기능 활성화" 보고서를 재정리함

을 선호하게 되었다. 기업들의 비즈니스 모델도 가치사슬을 중요시하는 파이프라인형 기업 형태가 되었다.

 하지만 최근에는 오픈소스의 확산, 클라우드의 발달, 개방혁신 생태계의 출현하면서 상황이 달라졌다. 연결비용이 급감하고, 공유와 협력이 확산되면서 글로벌 비즈니스의 패러다임은 글로벌 가치사슬에서 글로벌 네트워크로 전환되고 있다. 이에 따라 기업활동도 개별적 분석보다 통합적으로 바라볼 수 있는 복잡계로 접근할 필요가 있다. 이제 글로벌 기업들은 규모의 경제를 실현하는 전략(수직계열화)에서 생태계를 구축하는 전략으로 전환하고 있다. 그 결과 전통적인 방식의 가치사슬은 해체되고, 개별적으로 기업들이 담당하던 R&D, 제조, 마케팅, 서비스는 혁신플랫폼과 시장플랫폼으로 대체되고 있다. 이처럼 혁신과 시장이 전문화되면서 기업들이 최적의 파트너를 찾는 일이 중요해지고 있다. 개방과 협력이 중요해졌다는 말이다.

 하나의 조직에서 혁신과 효율을 동시에 추구할 수는 없다. 이는 혁신의 패러독스가 존재하기 때문이다. 혁신은 본질적으로 복잡하고 불확실하므로 다양한 시도가 장기간에 걸쳐 반복되고 지속되어야 한다. 반면에 효율성을 극대화하기 위해서는 절차나 과정이 고정되어야 한다. 이러한 혁신과 효율의 차이로 인하여 일반적인 조직은 혁신과 효율에서 양자택일을 하고 있다.

 혁신과 효율이 양립하기 어렵다는 것은 기존의 많은 연구에서도 다루어지고 있다. 파괴적 혁신Disruptive Innovation의 세계적 권위자인 클레이튼 크리스텐슨$^{Clayton\ Christensen}$은 '파괴적 혁신에 직면했을 때$^{Meeting\ the\ Challenge\ of\ Disruptive\ Change}$'라는 논문에서 다음과 같이 주장한다.

> "혁신과 효율은 하나의 조직에서 달성하기 어렵다. 대기업들은 효율을 추구하면서 조직 내부에 경로 의존성이 생성된다. 구축된 경로는 새로운 변화를 수용하기 어려우며, 그 결과 혁신이 어렵게 된다. 따라서 대기업이 혁신을 추구한다면 조직의 외부에서 찾거나(M&A) 내부의 별도 조직(Spin-off)이 필요하다."[107]

KCERN(2015)은 이러한 논리를 더욱 발전시켜서, "혁신은 민첩하고 유연한 대응이 가능한 작은 조직이 주도하지만, 시장에서는 효율성이 높은 큰 조직이 주도한다. 따라서 혁신가는 시장의 효율성에, 시장의 강자는 혁신에 취약하다."고 설명했다. 향후에 기업 생태계가 효율(대기업)과 혁신(벤처)이 분리와 순환할 수 있는 구조로서, M&A, 사내벤처와 Spin-off, 그리고 개방혁신을 대안으로 제시했다.

이중에서 개방혁신은 2003년에 체스브로$^{Henry\ W.\ Chesbrough}$가 개방혁신$^{Open\ Innovation}$이란 책을 통하여 제시했다. 그는 애플과 제록스를 사례로 제시하면서 개방혁신을 설명했다. 그가 제시한 개방혁신 전략은 기업들이 R&D, 경영기획 및 전략 등의 과정에서 대학, 연구소, 다른 기업들의 기술과 지식을 활용하는 것이다. 체스브로의 제안이 과연 새로운 것인가라는 논란은 있을

---

107) Christensen. Clayton M. and Overdorf, Michael.(2000.03-04), 'Meeting the Challenge of Disruptive Change'. Harvard Business Review

수 있다. 하지만 혁신의 패러다임보다 변화 자체에 주목하고, 기업 경쟁력 제고 및 상용화를 통한 시장의 확산에 주안점을 두었다는 점에서는 의미가 있다. 특히 체스브로는 기업의 내·외부 기술과 아이디어, 인력을 활용한 혁신을 개방혁신이라고 정의했다.

필자(2011; 2013)는 개방혁신을 기술의 발전으로 혁신이 쉬워지면서 창조성 그 자체가 중요해지는 경제시스템으로 전환되면서, '혁신의 패러독스'의 극복방안으로 제시했다. 혁신의 패러독스를 극복하는 개방혁신을 위해 개방 플랫폼으로 시간을 분리하여 혁신과 효율을 분리하고, 이를 선순환하는 것이다.

이상의 연구결과들을 종합한다면 2가지 결론을 도출할 수 있다. 첫째, 혁신과 효율은 양립할 수는 없으며, 혁신이 의미 있는 결과를 창출하기 위해서는 시장과의 결합이 필요하다. 둘째, 혁신과 효율은 하나의 조직에서 동시에 추구할 수 없으므로 처음에는 혁신과 효율은 분리하고, 이후에 결합하는 방안으로 M&A, 사내벤처, 개방혁신(플랫폼)이 존재한다는 것이다. 여기서는 이 3가지 대안 중에서 개방플랫폼에 집중하고자 한다.

개방플랫폼이 글로벌 비즈니스에 어떠한 변화를 주었는지는 스마트폰 사례에서 확인할 수 있다.

휴대폰 시장에서 세계 1위를 고수하던 노키아의 경영전략은 '값싸고 질 좋은 제품'의 생산이었다. 이를 위해 노키아는 기업 구조를 수직계열화했다. 이러한 전략은 스마트폰이 출시된 이후에도 변화가 없었다. 반면 핸드폰 시장에서 파괴적 혁신을 이끈 애플은 제품의 기획만 담당할 뿐 제조는 폭스콘에 맡겼다. 그리고 앱스토어를 통한 개방혁신을 추구했다. 그 결과 애플은 스마트폰 시장에서 선두기업으로 올라섰고 노키아는 시장에서 사라졌다.

이후에 스마트폰 시장은 앱스토어와 OS를 중심으로 하는 단말기, 네트워크, 서비스와 콘텐츠 사업자들로 구성된 생태계 간 경쟁으로 전환되었다. 구글의 안드로이드와 애플의 iOS 생태계에서 기업들은 서로 협력하지만, 서로 다른 두 플랫폼 생태계 간은 경쟁을 하고 있다.

스마트폰 시장만이 아니라 자동차 시장에서도 동일한 현상이 나타나고 있다. 전기차 산업을 주도하는 테슬라와 수소전기차를 이끌어가는 도요타는 각각의 산업플랫폼의 생태계를 먼저 구축하기 위해서 자사의 특허를 개방하여, 산업의 전체 파이를 키우기 위해 노력하고 있다. 즉 글로벌 비즈니스가 기업 간 경쟁에서 기업 생태계간 경쟁으로 변화하고 있으며, 이를 가능케 하는 것이 바로 개방플랫폼이다.

개방플랫폼의 출현으로 기업 간 경쟁이 생태계 경쟁으로 전환되면서, 시장에 다가가는 방식도 새로운 변화를 맞이하고 있다. 산업별 플랫폼을 이끌어가는 선도기업은 자신들이 구축한 시스템을 3rd Party와 공유함으로써 시장을 키우고 산업 전체의 성장을 도모할 수 있다. 즉 플랫폼을 통한 시장의 공유로 산업 생태계를 구축하는 것이다.

기존의 개방혁신에서는 개별적 협상을 통하여 시장을 공유했다면, 플랫폼을 활용한 경우에는 표준 인터페이스만 충족하면 시장의 공유가 가능해진다. 구글플레이와 iOS는 이용자가 표준만 충족하면 누구든 앱을 올릴 수 있는 대표적 개방플랫폼이다. 이처럼 개별 기업의 플랫폼화로 시장의 공유하고, 이를 통하여 기업 생태계를 구현하는 것이 산업별 플랫폼 구축의 핵심이다.

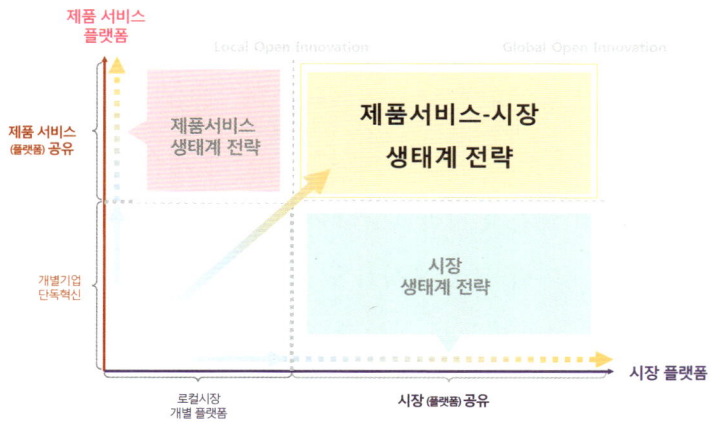

제품서비스와 시장의 공유

가벼운 플랫폼 생태계

여기서 플랫폼 간의 경쟁 방정식을 살펴보면, 플랫폼의 경쟁력은 우선 규모에 있다. 큰 플랫폼이 훨씬 더 효율적인데, 여기에서 '훨씬'의 의미는 제곱 혹은 경우에 따라 기하급수를 의미한다. 예를 들어 가입자가 10만인 플랫폼과 20만인 플랫폼의 가치 차이는 얼마일까 생각해 보자. 우선 TV 방송과 같은 일방 전달형 플랫폼에서는 2배가 된다. 시청률이 두 배이면 광고의 가치도 두 배가 되는데, 이를 RCA의 창업자 이름을 따 '사아노프의 법칙$^{Sarnoff's\ Law}$'이라고 한다. 전화와 같은 양방향 통신 플랫폼에서는 가입자 수의 두 배는 제곱인 4배의 가치를 가진다. 가입자가 두 배일 때 연결망은 4배가 되기 때문이고, 이를 3Com의 창업자의 이름을 따 '메트칼프의 법칙$^{Metcalfe's\ Law}$'이라 한다. 그런데 소셜 네트워크^{SNS}와 같은 자기조직형 네트워크에서는 플랫폼의 가치가 기하급수적 가치를 가진다는 것이 '리드의 법칙$^{Reed's\ Law}$'이다. 카카오톡과 같은 경우 가입자들끼리 만든 카톡방에서 엄청난 속도로 정보가 유통되고 있다. 이러한 가입자간의 '끈끈함'은 가입자가 2배일 경우 플랫폼의 가치가 10배 이상일 수 있다는 의미로서 플랫폼 경쟁 전략에서 대단히 중요하다.

여기에서 플랫폼 경쟁의 대 원칙이 탄생하다. '무조건 키워라!'다. 리드의 법칙에서는 가입자 스스로가 새로운 가치를 창출하기 때문에 일정 규모를 넘어서면 급격히 가치가 증대되는데, 이를 임계점$^{Tipping\ Point}$이라고 한다. 플랫폼 경쟁은 누가 먼저 임계점을 넘을 만큼 가입자를 끌어 모으느냐 하는 모객 경쟁이다. 더 많은 가입자 유치를 위한 플랫폼 경쟁 전략은 다음과 같이 정리된다.

1) '선발'의 법칙 | 먼저 시작하라

다른 조건이 같다면 선발 주자가 만든 플랫폼에 더 많은 가입자가 모이게 된다. 즉 플랫폼 사업은 진입 시기가 결정적인 역할을 하므로 대학 중퇴 창업자가 성공하는 이유를 설명할 수 있다.

2) '매력'의 법칙 | 섹시한 매력을 갖춰라

후발 주자라 하더라도 섹시한 매력을 가지고 있다면 선발 사업자를 추월할 수 있다. 페이스북이 마이스페이스를 추월하고, 네이버가 다음을 추월한 것은 섹시한 매력 때문이다. 페이스북이 개방 API를 제공한 것과 네이버가 지식in을 만든 것이 대표적인 사례이다.

3) '합병'의 법칙 | 1+0.1 = 2가 된다

10%의 규모 증가가 2배의 가치가 되는 플랫폼 사업에서 M&A는 주요 전략이다. 경쟁자보다 먼저 규모를 키우는 합병의 중요성은 플랫폼 업계에서는 기본적인 상식이 되고 있다. 더 많은 고객에게 더 강한 충성심을 획득하는 것이 플랫폼 전략의 요체다.

4) '창발(創發)'의 법칙 | 새로운 가치가 만들어 질 수 있게 개방하라

가입자 간에 새로운 가치가 만들어 지고, 제3자가 새로운 가치를 제공하도록 개방해야 한다. 카카오에 게임과 금융이 결합되면서 수익이 폭발적으로 증가한 것이 좋은 사례일 것이다. 물론 가장 중요한 핵심 역량은 플랫폼 사업자가 가지게 된다. 그러나, 플랫폼 사업자가 지나치게 탐욕스럽게 비쳐지면 플랫폼은 더 이상 성장하기 어렵게 되고 경쟁 플랫폼에 추월당하게 된다. 싸이월드 등 많은 플랫폼의 몰락 과정을 살펴보면 기존 대기업들의 플랫폼 사업에 대한 폐쇄성과 탐욕의 결과가 대부분이라는 것을 알게 된다.

Part 3

거대 플랫폼 기업의 전략적 행보

  인터넷 기업들은 저성장 기조에도 각국의 성장 동력으로서의 역할을 담당하고 있다. 2017년 7월 기준, 미국 내 10대 기업 중 Apple이 1위, Google이 2위, 마이크로소프트가 3위를 차지하고 있다. 이 상위 세 개 회사 외에도 아마존, 페이스북 등 유수 ICT 기업들은 공통점이 있다. 플랫폼 전략을 쓰고 있다는 점이다. 겉보기에는 각자 다른 전략을 취하고 있는 것 같지만 근본적으로는 동일하다. 그럼 이러한 거대 플랫폼 기업들의 전략을 한번 검토해 보자.

주요 플랫폼 사업의 전략 및 성과

주요 사업자	전략	성과
Google	브라우저, 모바일, OS를 무료로 배포하고 사용자를 확보 후 검색광고에서 수익을 얻는다.	전 세계 검색 점유율 90% 전 세계 스마트폰 점유율 79%
Apple	단말기, OS 앱스토어의 가치사슬을 구성하고 사용자의 구매 충성도를 높인다.	미국 기업 중 시가총액 1위 애플 콘텐츠 수익 = 윈도우스 OEM 판매수익
Facebook	소셜미디어를 기반으로 사용자 층을 확보하고 광고에서 수익을 얻는다.	월간 액티브 이용자 수 : 15억 명
Amazon	클라우드 콘텐츠 단말기로 이루어진 강력한 고객 생태계를 구축하고 온라인콘텐츠, 클라우드 서비스에서 수익을 창출한다.	미국 내 온라인 커머스, 전자책 디바이스 매출 1위 아마존 프라임 전체 수익의 1/3 추정

자료: 인터넷 플랫폼 비즈니스 동향분석 및 정책적제언(송동현, 유재필)

구글의 개방형 플랫폼 전략

구글은 브라우저, 모바일 OS를 무료로 배포한다. 대신 지메일, 구글맵, 유튜브 등 서비스를 통해 사용자를 확보 후 검색광고에서 수익을 얻는 전략을 쓴다. 이렇게 해서 전 세계 스마트폰 OS 점유율 약 86%, 검색 점유율 90% 이상을 차지한다.

2013년도 이전에는 광고, 구글맵, 서치엔진, 클라우드 등 인터넷 플랫폼 경쟁력을 향상시키고자 했다면, 2013년도 이후에는 신산업 관련 스타트업들이 주요 인수대상으로 차세대 플랫폼에 대한 투자를 확대하고 있다.[108] 특히 지난 2001년부터 2016년까지 200여 개 이상의 기업을 인수하였고, 2016년도 한 해에만 3,387개의 특허등록을 했다.

구글은 이런 방식으로 핵심역량 대부분을 구축해 왔으며, 최근에는 로봇, 무인항공기 등 이종산업 인수를 통해 차세대 플랫폼 투자에 집중하는 전략을 취하고 있다.[109] 구체적으로 살펴보면 지난 10여 년간 안드로이드, 유튜브, 모토로라의 인수를 통해 구글 플랫폼 기반의 생태계를 성공적으로 구축했으며, 스마트홈 기술업체 Nest Labs와 네트워크 기술업체 Alpental Technologies를 인수하는 등 인터넷 망으로 연결되고 관리되는 IoT 시대를 대비하고 있다. 또한 구글은 로봇 및 동작기술

---

108) Wikipedia "List of Google's Acquisition"
109) IPLA미국특허사무소(2016), "2016년 국가/기업별 Top 10 미국특허 등록순위"

업체 Flutter, Bot Square, Boston Dynamics, Bot & Dolly 등을 인수하고, 무인항공기 Titan Aerospace, 인공지능기술 업체 Deepmind Technologies와 Jetpac 인수 등 미래 기술에 집중하고 있다.

2017년 10월 구글은 HW+SW+인공지능이라는 세 축 전략을 발표한 바 있다. 인공지능을 중심으로 현실과 가상이 융합하는 4차 산업혁명에 최적화된 전략으로 보여진다.

애플의 폐쇄형 플랫폼 전략

애플은 아이폰, 아이패드 등 단말기, OS, 앱스토어의 가치사슬을 구성하고 사용자의 구매 충성도를 높이는 전략을 통해 미국 기업 중 시가총액 1위를 달리고 있다. 애플의 이중 플랫폼 전략은 다음과 같다. 애플의 스마트 기기에는 모두 iOS와 웹킷 기반의 웹 플랫폼이 내장되어 있는데, 이는 애플의 멀티 플랫폼 전략이다. 이렇듯 독점 플랫폼의 장점을 취하면서도 웹 플랫폼을 통해 시장에 '개방적인 모습'을 취하고 있다.

애플은 서비스 역량을 내재화하기보다 협력을 통한 소비자 가치를 제고하는 방향을 택하고 있다. 경쟁사 구글의 구글 검색·구글 맵을 아이폰에 탑재하고, 메이요클리닉과 협력하여 Health 앱 출시, 전자의무기록[EMR] 솔루션 기업인 에픽 시스템즈와 협력하여 HealthKit 앱을 출시한 것도 그 예이다. 애플은 최근에는 모바일 헬스케어 서비스 구현을 위해 Fitbit을 인수한 바 있다. 3D 지도기술업체(Poly9, C3 Technologies), 얼굴인식 및 사진관련 업체(Snappy Labs, Polar Rose) 등 UX와 관련된 M&A도 진행해 왔고, 2014년 헤드폰·오디오 SW업체 Beats Electronics와 스트리밍 업체 Beats Music을 애플의 최대 인수가인 30억 달러에 인수하기도 했다.

애플과 구글의 상반된 플랫폼 전략

2017년 기준, 각사의 사업보고서에 따르면 애플의 경우 전체 매출의 약 86%가 하드웨어 및 하드웨어를 통한 콘텐츠 판매 및 서비스에서 창출되고 있고, 구글의 경우에는 약 87%가 광고 수입이다.

구글은 애플보다 개방적인 플랫폼 전략을 통해 간접수입을 얻고 있으며, 애플은 통제적인 플랫폼 전략을 통해 단말기의 판매와 자사 단말기를 통한 콘텐츠 유통 및 서비스로 수익을 창출한다는 것을 알 수 있다. 이는 본질적으로 두 회사의 업이 다르기 때문이다. 애플의 핵심역량은 디자인이기에 하드웨어를 놓칠 수 없어 폐쇄적인 반면, 구글의 핵심역량은 광고이므로 가입자 확보에 치중하게 되어 개방적인 형태를 띠는 것으로 보인다.

경계를 무너뜨리는 페이스북의 플랫폼 전략

SNS 플랫폼인 페이스북은 OS 플랫폼 위에 서비스 플랫폼을 구축하면서 소비자 접점을 유지·확대하는 전략을 취하고 있다. 모바일 소비자의 SNS의 이용 비율이 높다는 점을 활용하여 페이스북 자체를 콘텐츠 시장플랫폼으로 확장하려는 전략이다. 페이스북은 스스로를 '소셜플랫폼'으로 정의하고 있으며, 소셜 미디어를 기반으로 사용자층을 확보하고 광고에서 수익을 내는 플랫폼 전략을 취하고 있다.

페이스북이 크게 성공할 수 있었던 요인 중의 하나는 외부 개발자에게 다양한 페이스북 연동 소프트웨어를 개발을 할 수 있도록 하는 'Facebook Connect'다. 대표적으로 웹사이트 개발자들은 자신이 보유한 웹사이트에 페이스북이 제공한 몇 줄의 코드만 추가하면, 페이스북 아이디로 웹사이트에 로그인하거나, 외부사이트 콘텐츠에 좋아요^{Like} 버튼을 누르는 것이 가능해진다. 그 외 페이스북은 스마트폰 초기 화면을 사로잡는 런처^{Launcher} 앱인 'Facebook Home'을 2013년 출시하여 페이스북과 FB메신저에 대한 사용자의 접근성을 상승시키는 시도를 하는 등 다양한 방법을 써서 플랫폼으로서의 입지를 다지고 있다.

페이스북은 그동안 소셜체크인, 소셜, 메시징, 여행추천, 사진공유 업체 등을 인수하며 플랫폼 역량을 강화해왔으며 2014년에 전 세계적인 모바일 메시징 서비스 왓츠앱을 190억 달러에 인수하고, 이어서 가상현실 기술업체인 Oculus VR을 20억 달러의 큰 금액으로 인수하는 등 파격적인 M&A를 단행했다. Oculus VR은 기존에 OS플랫폼이 없어 수익모델 구축에 한계를 갖고 있던 페이스북에게 향후 차세대 플랫폼으로 활용될 것으로 전망된다.

페이스북은 2015년 12월 인공지능의 기술 빅서^{Bigsur}도 공개하여 본격적인 4차 산업혁명의 인공지능 경쟁에 합류했다. 빅서는 머신러닝 데이터를 학습시킬 때 사용하는 서버이고, '오픈 컴퓨팅 프로젝트'[110]에서 관리하고 있다. 2016년에 페이스북은 10년간 자신들이 집중할 주요 기술을 공개 했는데, '메신저 봇'은 인공지능을 기반의 기술로 날씨와 교통상황, 자동상담 등 방대한 영역을 커버하는 메신저 플랫폼의 일부이다.

---

110) 개방형 인프라를 연구하는 프로젝트로, 2011년부터 페이스북이 주도하고 있다.

온라인 유통플랫폼을 장악하려는 아마존의 플랫폼 전략

　온라인 소매업에서 출발한 아마존은 자체 앱스토어 개설, 클라우드 컴퓨팅, OTT, eBook 사업 등 다양한 비즈니스 분야에 지속적으로 진출하면서 변신을 거듭하고 있다. 아마존은 변하지 않는 온라인 쇼핑몰의 기초 자산인 물류, 클라우드 컴퓨팅, 알고리즘 등에 적극적으로 투자하고, 다양한 신사업 분야를 온라인 쇼핑몰과 유기적으로 결합시켜 상호 시너지를 내는 전략을 채택하고 있다.

　아마존의 사업 행태를 보면 겉으로는 일관성이 없어 보일 수도 있지만, 그 속은 유무형의 콘텐츠(상품)를 유통하는 전자상거래 플랫폼으로써 일관된 전략을 구사하고 있다.

　아마존은 '온라인 쇼핑몰'이라는 시장플랫폼의 구조적 설계뿐만 아니라 확장성 측면에서도 상당한 공을 들이고 있다. 확장성을 넓히기 위한 아마존의 전략은 아마존 에이스토어^{Amazon aStore}로 대표된다. 에이스토어는 아마존의 승인을 받은 외부 사이트 관리자가 자신의 사이트를 아마존과 연동시켜서 제품을 판매할 수 있는 것이다. 이때 제품 정보열람, 장바구니 기능, 결제 등의 인프라 기능이 전부 해당 사이트에서 이루어지는 것처럼 보이지만 실제로는 아마존의 인프라가 공유된다. 제품이 판매되는 경우 외부 사이트는 일정 비율의 수수료를 아마존으로부터 받게 되며, 아마존은 이 시스템을 통해 잠재고객의 확보가 수

월해진다. 상호 공유를 통하여 시너지를 극대화하는 전략이다.

아마존은 배송시간을 최소화하기 위하여 인공지능 기반의 결제예측 배송$^{Anticipatory\ Shipping}$ 기술도 특허로 등록했다. 최근 아마존은 최근 물류시스템 혁신을 위해 드론을 도입하거나, IoT 기술을 활용한 옴니채널 쇼핑 솔루션을 출시하는 등 상당히 파격적인 행보를 보이고 있는데, 이 역시 플랫폼의 핵심역량을 강화하기 위해서다. 한때 아마존이 웨딩 예약 및 여행·숙박 예약업에도 뛰어들어 여론의 질타를 받기도 하는데, 이는 사업영역의 확장을 이룬 이후 온라인 쇼핑몰이라는 플랫폼에 통합하여 생태계를 확장하는 것에 목적이 있는 것으로 보인다.

플랫폼 사업자들의 M&A 확대

시장플랫폼의 가치는 참여자의 수와 끈끈함과 3rd 파티의 서비스에 달려 있다. 때문에 거대 플랫폼 사업들은 참여자들에게 플랫폼의 새로운 가치를 제공하기 위해서 지속적으로 M&A를 하고 있다. 지속적인 성장을 하면서도 경쟁 플랫폼을 앞서가는 차별화된 역량을 제공할 수 있는 좋은 방법 중 하나가 M&A이기 때문이다. 재차 강조하건대, 거대 플랫폼 기업이 내부에서 혁신하는 것은 쉽지 않은 일이다. 가장 혁신적이라는 구글 조차도 검색 부문을 제외하고는 지난 10년간 내부에서 비롯된 와해적 혁신 사례는 거의 없다는 점을 주목해야 한다.

Part 4

미래 플랫폼 생태계 경쟁

스마트 헬스케어 플랫폼

　헬스케어 플랫폼에 대한 관심은 2000년대 이후부터 꾸준하게 존재해 왔다. 하지만 거대 IT기업인 구글이 2009년 출시했었던 '구글 헬스' 플랫폼이 처참히 실패하면서 한동안 관심이 시들해졌다. 상황이 반전 된 것은 스마트폰이 보편화되고 관련 기술이 비약적으로 발전하면서다. Google, Apple, 삼성, Microsoft, Sony 등이 본격적으로 헬스케어 사업에 뛰어들었고, 기존 피트니스 및 의료서비스 산업 생태계는 대 격변을 예고하고 있다.

　최근에는 스마트폰에 생체인증을 활용 하려는 시도가 한창이다. 지문, 홍채 외에도 사용자의 혈관구조 까지 다양하게 보안 인증에 활용하고 있다. 아직 전 세계적으로 시장을 선점한 Player가 없기 때문에 관련 기업들이 생태계를 차지하기 위해

치열한 경쟁을 벌이고 있다. 2017년 등장하는 글로벌 유니콘의 25%도 헬스케어 기업들이다. 고령화 사회와 인공지능의 등장이 규제개혁과 맞물린 결과로 보여진다. 초고령화 사회로 가는 21세기 최대 산업은 결국 헬스케어 산업이다.

HealthKit으로 대표되는 애플의 생체인터넷

애플은 2014년 6월 세계개발자회의(WWDC)에서 모바일용 헬스케어 플랫폼인 HealthKit을 선보인다. 2015년 기준으로 14개의 미국 주요병원들이 HealthKit 서비스를 사용하고 있거나 사용 협상 중에 있다. 애플의 HealthKit은 건강 및 운동 서비스를 제공하거나 데이터를 다른 앱들과 공유할 수 있도록 해준다. 이때 사용자의 건강 정보는 종합적으로 안전한 장소에 저장되고, 사용자가 다른 앱과 공유할 정보를 결정할 수 있다. HealthKit은 또 당뇨병이나 고혈압 등의 만성 질환자를 의사가 24시간 모니터링할 수 있도록 해 병이 악화되는 것을 조기에 막을 수 있다. 나이키 '퓨얼밴드'같은 써드파티 웨어러블 기기 및 헬스케어 APP을 통해 수집된 건강 데이터를 분석해 문제가 발생이 예상되면 제휴관계에 있는 병원 및 의료 기기들을 제시해 주기도 한다. 환자의 입장에서는 이를 통해 수술을 피할 수 있으니 경제적으로 이익이고, 의사의 입장에서는 성과급을 얻을 수 있어서 이익이다. 미국 정부가 환자를 건강하게 유지시키는 의사에게 성과급을 지급하는 새로운 의료 개혁법을 도입했기 때문이다.

언젠가 아이폰과 생체인터넷을 고려해 설계 된 애플워치가 연동되면 헬스케어 시장에서 애플의 영향력이 한층 증대될 것으로 예상되나, 현 단계에서는 각종 규제 등의 문제로 임계량 돌파에 난관이 예상된다.

장기적으로 헬스케어에 투자해온 구글이 출시한 Google fit

'구글 헬스'를 출시 2년 만에 서비스 종료한 구글은 실패에도 불구하고 헬스케어에 대한 투자를 완전히 접지 않았다. 이후 바이오 리서치 회사 칼리코^{Calico}를 설립했다. 약 10억 달러를 투자하기도 하고 장기 R&D가 필요한 스마트 컨택트렌즈를 개발하는 등 장기적인 관점에서 생체인터넷 시장에 진출하는 모습을 보여 왔다. 그러던 중 애플이 HealthKit를 공개한 2014년 구글은 연례 개발자 컨퍼런스에서 헬스케어 플랫폼 'Google fit'을 공개했다. 구글의 Google fit 서비스는 애플의 HealthKit와 일맥상통하지만 굳이 차이점을 꼽자면 상대적으로 데이터 공유에 있어 더 개방적이라는 것이다.

HW와 SW를 아우르는 헬스케어 플랫폼을 만들고자 하는 삼성

최근 출시되고 있는 대부분의 스마트 디바이스는 헬스케어 플랫폼과 연동 가능한 형태로 삼성도 헬스케어 산업을 핵심 전략 산업으로써 육성하고 있다. 2017년 갤럭시 S8은 미국의 아메리칸웰$^{American\ well}$ 기업과 손을 잡고 미국에서 원격의료 시장에 진출했다. 삼성헬스와 손을 잡은 아메리칸 웰은 현재 미국 46

개 주에서 약 1억 명을 대상으로 원격의료 사업을 펼치고 있으며, 평균 임상 경험이 10년 이상인 숙련된 전문의 1,200여명을 삼성헬스 이용자들과 연결해 원격의료 사업에 박차를 가한다는 계획이다.[111]

삼성의 헬스케어 플랫폼인 SAMI는 오픈API를 통해 외부개발자 및 파트너들이 삼성디지털헬스 생태계에 합류할 수 있도록 설계된 개방형 플랫폼이다. SAMI는 각종 바이오 센서로 수집한 생체 데이터를 클라우드 서버에 저장한다. 그리고 상황인지, 맥락분석 등의 인공지능 분석 과정을 거쳐 가치를 창출한다. 즉 심장박동, 혈압, 혈액의 산소포화도, 피부온도 등 다양한 생체신호를 수집할 수 있는 광학 센서, 음향 센서 등의 각종 센서들을 통해 수집 된 데이터를 분석하여, 삼성전자와 파트너 개발사들이 예측과 맞춤을 기반으로 하는 헬스케어 앱과 수집기기를 만들 수 있도록 지원하는 것이다.

현재 삼성은 우수한 외부개발자와 파트너를 자신의 플랫폼으로 끌어들이기 위해 상당한 노력을 기울이고 있다. 이스라엘의 모바일 헬스기기 제조사 라이프빔은 삼성의 HW 헬스케어 플랫폼 심밴드와 결합 가능한 생체리듬 센서를 개발하고 있다.

---

111) chosun biz(2017.04.04.), "'애스크 닥터' 삼성헬스 탑재한 갤럭시S8 출격…한국에선 '그림의 떡'"

스마트 홈 플랫폼

삼성전자는 스마트홈 전문업체 'Smart Things' 인수 이후 미국과 영국을 포함한 11개 국가에서 'Samsung Smart Home'을 공식 런칭하고 있다. LG는 AllSeenAlliance 그룹에 합류하면서 새로운 스마트홈 전략을 발표했다. LG가전과 연동해서 실내 공기 관리를 도와주는 '에어스테이션'[112]과 사용자와 대화할 수 있는 인공지능 '스마트씽큐 허브^{SmartThinQTM Hub} 2.0'을 출시하면서 아마존의 사물인터넷 서비스를 결합하여 아마존의 음성 인식 서비스인 '알렉사^{Alexa}'에 연동하고 있다.

Google은 스마트홈 기기 업체 Nest Labs를 2조에 인수하여 300개의 특허를 바탕으로 스마트 홈 사업을 선도하려 하고 있다. 가정용 무선 CCTV업체 Dropcam, 스마트폼 플랫폼 업체 Revolv 등 관련 업체도 적극적으로 인수하여 영역을 확대하고 있다.

Apple은 홈오토메이션 시스템 HomeKit 공개 및 HomeKit을 적용한 3rd Party 제품과 스마트 홈 관련 가정용 하드웨어 개발팀을 구성 해 관련 제품을 애플 스토어에서 출시했다.

알리바바는 미국의 스마트홈 관련 제품(스마트 리모컨) 기업인 필^{Peel}에 5,000만 달러를 투자하여 거점을 구축하고 있다.[113]

---

112) 미세먼지, 온도, 습도, CO_2 농도를 각각 감지하는 4개의 센서를 탑재해 실내 공기를 측정한다.

컨소시엄을 통해 생태계를 장악하려는 플랫폼 사업자들

스마트 홈은 헬스케어에 이어 4차 산업혁명의 양대 격전지로 예상되고 있다. 거대 플랫폼 업체들은 경쟁적으로 스마트 홈 사업을 확장하고 있고, 이합집산의 컨소시엄 경쟁도 치열하게 전개되는 중이다. 애플 주도의 Homekit, 구글주도의 Thread Group, 퀄컴주도의 AllSeen Alliance, 삼성/인텔 주도의 OIC, 이상 총 4개의 컨소시엄이 핵심이다.

IoT 플랫폼 컨소시엄 현황

주도기업	컨소시엄	내용
애플	Homekit	· 공통 S/W 프레임워크를 통한 디바이스 연결 · API를 통해 집안 내 기기와 애플디바이스 연동 · 참여업체: 필립스, 오스람, 하니웰 등 10개 업체
구글	Thread Group	· 새로운 네트워크 프로토콜을 통한 기기간 연결 · 참여업체: 구글, 내스트랩, 삼성, TI 등
퀄컴	AllSeen Alliance	· P2P 연결 오픈소스 S/W 프레임워크인 올조인 기반 · 참여업체: 퀄컴, LG전자, 파나소닉 등 40여개 업체
삼성인텔	OIC	· 기기간 연결과 호환성 해결에 초점 · OIC 인증 제도를 통해 디바이스 인증 · 참여업체 : 삼성, 인텔, 델, 브로드컴 등
LG아마존	Smart ThinQ Hub/sensor	· 기존의 기기들을 결합하여 새로운 기기를 출시 · 차별화된 스마트홈 솔루션 제공에 초점 · 참여업체: 아마존

---

113) 필 앱은 안드로이드나 iOS 기반의 스마트폰이나 태플릿을 유니버설 리모콘으로 활용할 수 있도록 해주는 앱으로 TV와 셋톱박스 제어가 가능한 스마트 TV 리모컨이다.

옴니채널 커머스 플랫폼

옴니채널은 유통기업이 소비자에게 제공하는 다양한 온·오프라인의 채널을 융합하여, 소비자가 PC, 매장, 모바일 등 다양한 경로를 넘나들면서 자유롭게 상품을 검색하고 구매할 수 있도록 한 체계를 의미한다. 모바일 혁명 이후 플랫폼 형태를 띠고 있는 커머스 플랫폼 기업들이 옴니채널 플랫폼을 구축해 생태계를 장악하려고 경주하고 있다. 특히 오프라인 기반 커머스 플랫폼 사업자들의 생태계와 온라인 기반 커머스 플랫폼 사업자들의 생태계가 경쟁하는 양상을 보인다. 궁극적으로는 온라인과 오프라인이 결합하는 4차 산업혁명에서, 인공지능 기반의 O2O 플랫폼의 경쟁으로 귀결될 것으로 예상된다.

오프라인 기반 커머스 플랫폼 사업자 동향

롯데 백화점은 매장 내 고객의 위치를 실시간으로 파악해 행사 소식, 할인 쿠폰 등 쇼핑 정보를 스마트폰으로 제공하는 '스마트 비콘 서비스'를 운영 중이다. 매장에 들어서면 그 날 화장품 브랜드 매장 할인 정보를 실시간으로 알려 주고, 또 특정 브랜드숍을 지나가면 현재 진행하는 이벤트를 알려주는 메시지와 할인 쿠폰이 자동으로 전송된다.

미국의 최대 전자 제품 소매 판매회사인 베스트바이는 모바일 혁명 이후 오프라인에서 제품을 확인하고 온라인으로 구매하는 쇼루밍족이 증가하는 것에 주목했다. 이 회사는 오프라인 매장을 온라인 매장의 쇼룸으로 인정하고, 직접 오프라인 매장에 와서 제품을 본 후 온라인 매장을 통해서 제품을 구입하게 하는 시스템을 적용하고 있다. 이러한 추세는 중국을 중심으로 글로벌 트렌드로 자리잡고 있다. 배송 인프라가 확립되면서 재고의 부담을 덜어 내고 오프라인 매장이 쇼룸의 개념으로 일반화되고 있는 것이다.

온라인 기반 커머스 플랫폼 사업자 동향

2015년 아마존은 '원클릭'으로 오프라인 상품 주문이 가능한 버튼형 '아마존 대쉬'를 출시했다. 이 제품을 소모품 주변에 부착해놓고 소모품이 떨어졌을 때 버튼을 누르기만 하면, 해당상품의 주문이 이루어지는 것이다. 또한, 아마존 대쉬 단말기는 소비자가 오프라인상의 상품 바코드를 스캔하거나 상품명을 음성인식하면 즉시 해당 상품을 아마존 웹사이트 장바구니에 담아준다. 그리고 이제는 아마존의 인공지능 알렉사 기반의 스피커 에코가 각 가정으로 파고 들고 있다. 에코는 현실과 가상을 융합하는 중요한 역할을 하고 있다.

오프라인 매장에서 판매자와 소비자를 연결하는 오프라인 기반 커머스 플랫폼 업체와 비교했을 대, 온라인 커머스 플랫폼은 시공간의 제약 없이 빠르고 편하게 상품 결제가 가능하다. 이런 장점은 옴니채널 시대에 들어서면서부터 더욱 부각된다.

가상현실 플랫폼

미래 IT 산업지형을 바꿀 키워드 '가상현실'

가상현실은 컴퓨터와 인간이 가진 오감의 상호작용을 통해 가상의 영상, 이미지 등을 현실처럼 느끼게 해주는 기술이다. 이때 가상 영상과 이미지는 디지털 데이터로 구성된다.

최근 오큘러스(페이스북), 삼성, 소니, 마이크로소프트에 이어 HTC까지 굴지의 IT 기업들이 가상현실 시장에 공식적으로 뛰어들며 이슈가 되고 있다. 이들은 각자 플랫폼의 역할을 하는 가상현실 디바이스를 보유하고 있으며, 앞으로 가상현실 생태계를 가장 먼저 조성하기 위해 경쟁이 심화될 것으로 예상된다.

삼성전자는 오큘러스 VR과 합작방식으로 기어 VR을 제공하고 있다. 오큘러스 리프트와는 해상도와 편의성 차이는 있으나 갤럭시 노트 활용이 가능하다는 편의성이 장점이다.

오큘러스 리프트의 가장 강력한 경쟁 상대는 소니의 모피어스로, 출시 이후 완성도를 바탕으로 전 세계 개발자들의 지지를 얻어내고 있다. 특히 소니의 가정용 기인 플레이스테이션 4[PS4]와 연동이 가능하다는 장점을 내세워 게이머들의 이목을 끌고 있다.

HTC바이브는 대만의 제조기업인 HTC와 미국의 개발 기업 밸브 코퍼레이션이 협업하여 만든 가상현실[VR] 기기다. 오큘러스사의 '오큘러스 리프트'와 유사한 체감형 HMD기기이지만, 화면 재생 빈도는 오큘러스 리프트와 비교해 높은 수준이다. 가상현실에서는 높은 화면재생 빈도가 특히 중요하다. 그래픽이 더 부드러워질수록 가상현실 특유의 어지럼증이 경감될 수 있기 때문이다. 2017년 10월 구글과 제휴하면서 페이스북+오큘러스와의 경쟁 구도가 가시화되고 있다. 2017년 구글은 데이드림의 차기 버전도 발표하여 본격적으로 가상현실 경쟁에 돌입하고 있다.

오픈소스 하드웨어 플랫폼

아두이노는 2005년 이탈리아에 있는 '이브레아 디자인 인스티튜트_{Design Institute of Ivrea}'에서 시작됐다. 아두이노의 목적은 전자공학이나 회로 등 하드웨어에 대한 지식이 없더라도 손쉽게 전자기계 장치를 개발할 수 있도록 하는 것이다. 아두이노 보드는 프로그래밍이 가능한 마이크로 컨트롤러와 확장핀, USB 등 각종 컴포넌트를 갖추고 있다. 누구나 저가로 공식 아두이노 보드를 구매할 수 있고, 회로도가 공개되어 있기 때문에 직접 DIY로 만들어서 사용할 수 있다. 하드웨어가 개방되어 있고 이를 기반으로 다양하게 응용 할 수 있는 아두이노를 '오픈소스 하드웨어 플랫폼'의 시작이라고 부르고 있다.

아두이노는 개인의 취미와 상상력을 실현하는데도 사용되지만 기업의 응용 사례도 많다. 레고사의 경우에는 미국과 캐나다의 여러 지역에서 아두이노와 자사제품을 연계한 로봇 교육 과정을 진행하고 있다. 포드사는 스마트카를 위한 차량용 하드웨어와 소프트웨어를 만들 수 있는 '오픈XC^{OpenXC}' 프로그램을 이용하여 차량용 애플리케이션뿐만 아니라 하드웨어 모듈까지 제작 할 수 있게 했다. 구글은 샌프란시스코 구글I/O 행사장에 수백여 개의 아두이노 기반의 기기를 설치하여, 아두이노 센서 네트워크를 통해 행사장의 온도, 습도, 공기상태, 소음, 밝기 등의 환경정보와 참가자의 이동경로를 파악하는 등 각종정보를 실시간으로 수집하고 분석해 시각화 한다고 밝히기도 했다.

아두이노 이외에도 오픈소스 하드웨어 플랫폼으로 라즈베리파이$^{Raspberry\ Pi}$, 비글보드$^{Beagle\ Board}$ 등이 있다. 라즈베리파이는 초소형 싱글 보드 컴퓨터로서 주변기기와 연결이 가능하다. 아두이노와 같이 다양한 센서나 엑츄에이터를 연결하여 다양한 기능을 구현할 수 있다. 아두이노가 마이크로 콘트롤러라면 라즈베리는 리눅스 등의 OS 장착이 가능한 본격적인 컴퓨터의 개념으로 설계되었다. 비글보드는 라즈베리파이와 유사한 소형 싱글 보드 컴퓨터의 일종으로, CPU 성능은 개선되었고 가격은 낮게 책정되어 있다. 그 외에도 원칩 오픈소스 하드웨어인 에디슨 등 다양한 오픈소스 플랫폼이 등장하여 기술 공유가 확산되고 있다.

클라우드 컴퓨팅 플랫폼

클라우드 컴퓨팅은 기하급수적으로 증가하는 인터넷 트래픽과 빅데이터를 원격지 대용량 서버에 저장하고, 사용자가 서버와 소프트웨어 OS(Operation System) 등 별도의 투자 없이 인터넷 망을 통해 언제 어디서나 다양한 기기로 필요한 서비스를 쉽게 공유할 수 있는 기술이다. 클라우드 컴퓨팅 기술은 기술 특성상 플랫폼의 형태를 띠고 있는데, 최근 데이터량이 증가하고 관련 처리비용이 증가함에 따라 클라우드는 기존의 서버를 급속히 대체하고 있다.

클라우드 플랫폼은 SaaS, PaaS, IaaS로 나뉘어진다.

SaaS(Software as a Service)는 인터넷, 클라우드 등 네트워크를 통해서 애플리케이션의 기능을 이용할 수 있는 서비스다. 대표적인 사례로는 MS 오피스 라이브, 세일즈포스닷컴의 CRM SFA, 네스위크의 ERP CRM e커머스 등이 있다. PaaS(Platform as a Service)는 SaaS의 개념을 개발 플랫폼에도 확장한 방식으로, 애플리케이션 개발과 조합 가능한 플랫폼을 서비스로 제공한다.[114] 즉 개발 요소인 미들웨어들을 웹에서 쉽게 가져다 쓸 수 있게 하는 SW 개발 환경이다. 구글이나 네이버, 다음 등에서 제공하는 개방형 API들이 PaaS의 일종이며, 구글의 '앱 엔진'이나 Bungee Labs의 '번지 커넥트' 등은 직접 온라인 서비스를 개발에서 배포, 관리까지 가능한 플랫폼을 제공하고 있다. 이러한 PaaS의 미들웨어를 오픈소스로 공유하는 클라우드 파운더리$^{Cloud\ foundry}$가 스마트 팩토리를 비롯한 4차 산업혁명의 인프라가 되고 있다. 개별 기업의 SI 사업은 미들웨어의 공유로 급속히 대체되고 있다.

IaaS$^{Infrastructure\ as\ a\ Service}$는 기존의 기업별 서버, 스토리지, 네트워크 등 하드웨어 자원을 가상공간에서 제공한다. 대표적으로 아마존 EC2와 S3 등 클라우드 호스팅이 이에 해당된다. 사용자는 이 서비스를 통해 서버의 확장이 자유롭게 가능하다. 윈도우나 리눅스 모두를 지원하며 몇 분 안에 기존 서버 대체가 가능하다. 실리콘밸리 창업 기업들에게 이제 개별 서버 사용은 없다고 보아도 좋을 정도로 IaaS 사용은 상식이 되었다. 가장 큰 이유는 확장성과 유연성 그리고 오픈소스 활용도 때문이다.

산업플랫폼

IIoT$^{Industrial\ IoT}$의 등장과 산업플랫폼

플랫폼에서 연결비용의 문제를 해결하는 것은 인터넷이다. 유선인터넷, 무선인터넷, 사물인터넷^{IoT}과 함께 온라인 플랫폼, 소셜 플랫폼, O2O 플랫폼이 등장했다. 정보가 무선인터넷으로, 제품 유통이 사물인터넷으로 플랫폼화 된 것에서 이제 산업 현장이 산업인터넷으로 플랫폼화 되는 산업플랫폼까지 진화한 것이다. 실시간 데이터를 다룰 수 있는 사물인터넷이 진화한 산업인터넷[IIoT-Industrial IoT]이 1000억 개의 사물을 연결하여 생산의 프로세스와 생산요소들을 결합하는 산업플랫폼을 탄생시켰다.

인터넷과 플랫폼의 공진화

Link	유선인터넷	무선인터넷	사물인터넷	산업인터넷
Node	PC-인간	인간-SNS	인간-사물	사물-산업
User	10억 명의 사용자	20억 명의 이용자	280억 개의 사물	1000억 개의 사물
Platform	온라인 플랫폼	소셜 플랫폼	O2O 플랫폼	산업플랫폼
Thing	Contents	Contents·Service	Product·Service	Process

자료: KCERN(2017)

온라인 플랫폼과 O2O 플랫폼까지는 주로 인간의 욕망을 뒷받침하는 소비를 촉진하는 플랫폼으로 이어졌다. 산업플랫폼의 등장은 소비 차원의 협력적 소비에서 유통을 거쳐 산업 현장을 최적화하기 시작했다. 이러한 산업플랫폼은 현실세계를 데이터로 전환시키는 디지털 트랜스폼이라는 1단계, 인공지능으로 디지털화된 데이터를 최적화하는 2단계, 그리고 다시 데이터를 현실로 전환하는 아날로그 트랜스폼이라는 3단계로 구성되어 산업현장을 혁신한다. 바로 스마트 공장, 스마트 시티, 스마트 유통 등이 대표적인 사례들로, 모두 산업인터넷의 기반이 필수적이다.

산업플랫폼은 클라우드 기반의 산업인터넷 인프라이다. 방대한 실시간 생산·유통 데이터들은 산업 IoT를 통해 저비용으로 연결되면서 산업 전체가 플랫폼 형태로 재편성되고 있다. 산업플랫폼은 파이프라인형 기업의 닫힌 가치사슬을 해체하면서,

최적의 역량을 가진 기업들의 열린 생태계로 전환되는 중심에 있다. 그 결과 산업플랫폼은 혁신플랫폼과 유통플랫폼으로 진화하고 있다.

전체 산업에 공통적으로 적용될 수 있는 산업플랫폼 위에 제조, 에너지, 의료, 유통, 농업 등의 산업별 플랫폼이 만들어질 수 있다. 각 산업별로 특화된 산업별 플랫폼은 플랫폼위의 플랫폼인 버티컬 플랫폼이 된다. 이는 카카오 메신저가 구글 플레이나 앱스토어라는 거대 플랫폼위에 존재하는 버티컬 플랫폼인 것과 같다. 이러한 산업별 플랫폼 위에 개별 거대 기업들이 그들만의 플랫폼을 구축할 수 있다. 예를들어, 에너지 산업 플랫폼 위에 한국전력 플랫폼이 위치하는 것이다. 이러한 다중 계층 구조화로 미래 플랫폼은 진화할 것이다.

산업플랫폼 아키텍처

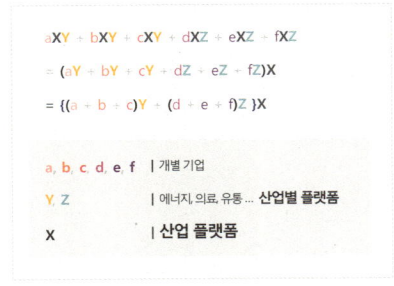 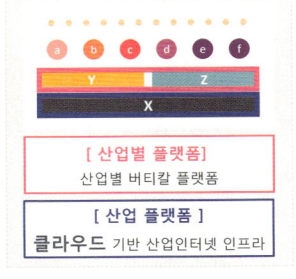

다중 계층 구조화로 진화

전 세계는 산업플랫폼 기반 산업생태계 전략으로

기업들은 플랫폼에서 공통요소를 공유한다. 과거 요소 중심의 효율 경쟁에서 혁신 중심의 창조 경쟁으로 전환되기 시작한 것이다. 기업의 경쟁력은 개별 요소 차원에서 산업생태계 차원으로 이동하고 있다. 그 예로 GE의 PREDIX, SIEMENS의 MindSphere, BOSCH의 IoT Suite, SAP의 Leonardo 등은 클라우드 기반의 산업플랫폼을 통해 산업생태계 전략으로 혁신하고 있다.

글로벌 기업 주도의 생태계 구축

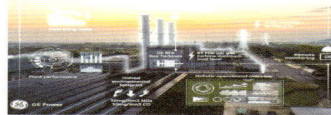
프레딕스를 통한 300개의 기업 생태계 구축

마인드 스피어 중심으로 100개의 기업 생태계 구현

보쉬 인더스트리 4.0의 선도기업 협력사 중심으로 네트워크 구축 중

4200개 이상의 시스템 통합 업체가 활용

우리나라는 한국정보화진흥원^{NIA}이 파스-타$^{PaaS-TA}$라는 개방형 클라우드 플랫폼을 구축하여 산업생태계를 조성하고자 노력하고 있지만, 실전적 솔루션들이 부족한 상황이다. 글로벌 호환이 가능한 독자 플랫폼 전략을 세우고, 한국정보화진흥원의 공공 플랫폼인 PaaS-TA와 세계적인 한국 제조업의 실전적 솔루

션들을 결합하는 민관협력 모델이 제시되어야 한다.

산업플랫폼 구축의 전제 조건은 클라우드와 데이터 규제 개혁이다. 가장 근간이 되는 인프라인 산업플랫폼은 여러 산업의 공통요소가 집약되어 수많은 기업들이 공통으로 활용할 수 있어야 한다. 그렇다면 산업플랫폼은 개별 기업 영역을 넘어 공통 영역인 클라우드에 존재할 수밖에 없다. 즉 클라우드 기반의 산업플랫폼 위에 산업별 플랫폼이 구축된다. 산업플랫폼은 민간 클라우드 기반의 GE의 PREDIX와 같은 순수 민간 형태, 또 에스토니아의 X-Road와 같은 국가 플랫폼 같은 형태가 있다. 산업별 플랫폼은 에너지, 헬스케어, 차량, 웨어러블 등 수많은 산업별로 개별 플랫폼들이 존재할 수 있다. 또한, 그 위에 기업별로는 다양한 기업마다 자신의 협력업체를 위한 플랫폼을 만들 수 있다. 개별 기업들은 자신만의 독립된 데이터와 소프트웨어가 보호되는 컨테이너로 독자적 사업은 영위할 수 있다. 공유와 소유의 최적화가 가능하다.

이제 개별기업의 플랫폼에서 기업생태계로 이전한다. 시장을 공유하고, 제품을 공유한다. 이 두 가지를 모두 공유하는 것이 산업플랫폼의 궁극적 모습이다. 개별 허브기업들은 핵심요소를 선별하여 공유하는 자신만의 플랫폼을 구성하여 다양한 제품과 서비스를 제공한다. 플랫폼 생태계 경쟁을 위해 혁신기업에서 시장기업으로 전환하는 것이 플랫폼 생태계 경쟁에서 승리하는 방법이 될 것이다.

Part 5

플랫폼 생태계 조성 전략

공유경제는 수많은 개방 플랫폼들의 거대한 초 생태계로 구성되어있다. 혁신과 효율이 공존할 수 없다는 공유경제 패러독스를 극복한 결과다. 즉 '공유경제는 다양한 플랫폼 경제'다. 이제 공유플랫폼 경제로 진입해야 하는 한국의 전략을 살펴보기로 하자.

플랫폼 생태계의 성공과 실패

플랫폼 전략으로 선발업체 따라잡은 샤오미

플랫폼 전략으로 선발 업체를 단기간에 따라 잡을 수 있다는 것을 보여주는 대표적인 사례는 중국의 샤오미^{Xiaomi}다. 설립된 지 5년밖에 안 된 회사가 첫 스마트폰을 내놓을 때만 해도 '짝퉁' 애플로 불렸던 샤오미가 세계적인 유니콘 기업의 성장한 것은 개방 플랫폼 전략 덕분이기 때문이다. 샤오미가 만든 플랫폼 MIUI는 마케팅은 애플의 모델(독자적 플랫폼+앱스토어)을, 서비스·수익구조는 아마존 모델(HW는 싸게 팔고 콘텐츠와 서비스에서 이윤을 얻는 방식), 판매·유통 방식은 온라인 판매만 하는 델 모델을 결합했다.

기본적으로 샤오미는 HW 업체가 아닌 SW 업체이며, 독자적인 플랫폼 생태계를 구축하고 있다. 안드로이드 오픈소스 AOSP·Android Open Source Project에 기반을 둔 독자 운영체제인 'MIUI'를 개발하고, HW인 스마트폰은 여러 협력업체들로부터 부품을 조달하여 애플의 외주 생산 업체로 유명한 폭스콘 공장에서 제작한다.

한편 중국 정부가 안드로이드 진영의 글로벌 최강인 구글의 중국 본토 시장 진입을 막은 것이 중국 IT 자생력을 높이고, 샤오미의 성공에도 영향을 미쳤다는 분석도 있다. 다른 나라 시장 같으면 구글 앱이 차지했을 이윤공간을 중국 토종 휴대폰 단말기 제조업자는 물론 통신사업자, 포털사업자 등 200여개 사업자들이 나눠 가지면서 자체적으로 소프트웨어 및 서비스시장의 경쟁력을 높일 수 있었기 때문이다. 그러나 근본적으로는 플랫폼 생태계 구축이 가장 큰 성공 요인이라고 보아야 한다.

실패한 플랫폼 전략, WiPi 플랫폼

독자적인 플랫폼 구축을 시도하였지만 생태계 조성 단계까지 진화하지 못하여 실패한 사례도 있다. 바로 위피[WIPI]의 경우다. 위피는 국내 이동통신사들이 무선인터넷에 저마다 다른 플랫폼을 사용함에 따라 콘텐츠 호환이 어렵고, 소비자들도 가입한 이통사 무선플랫폼만 이용해야 하는 불편함을 극복하기 위해 2002년 만든 무선인터넷 플랫폼 표준 규격이었다. 2005년 4월부터 휴대전화(피처폰)에 의무적으로 위피가 탑재된 이후 2008년 10월에는 전체 단말기의 84% 이상이 위피 플랫폼을 사용했다. 그런데 이동통신사간 무선인터넷 콘텐츠 호환성의 문제는 해결하지 못했다.[114] 이통사 마다 자신만의 특화된 서비스를 위해 타사 가입자들은 이용할 수 없는 '확장형 위피'를 따로 개발해 사용하였기 때문이다. 국내 기술을 '보호'한다는 이유로 의무화를 강제했던 위피는 글로벌 스마트폰 혁명의 선두에선 아이폰의 국내 도입을 막았다. 결국 새롭게 발전하는 스마트 혁신의 유입을 막아 국내 모바일 산업이 글로벌 흐름에 대응하지 못하고 경쟁력을 저하시키는 결과를 초래하고 말았다. 위피가 국내 IT산업을 갈라파고스화 시켰다는 비판에 정부는 결국 2009년 위피 의무화를 폐지하게 되었다.

위피의 실패에서 얻을 수 있는 교훈은 다음과 같이 정리할 수 있다. 국가가 무리하게 글로벌 추세와 동떨어진 표준을 강제함으로써 기술의 중립성을 상실하고, 새로운 기술의 등장을 막은 결과, 플랫폼의 기본인 실제적인 표준을 달성하지 못했다. 결국 통신사별로 수직적으로 분할된 폐쇄형 플랫폼이 되어 개발자, 사용자 모두에게 편익을 제공하지 못하게 된 것이다.

결론적으로 인터페이스의 표준이라는 실제적인 플랫폼의 기

---

114) 서울경제, "무선인터넷 플랫폼 '위피'정책 실패" (2008.10.12.)

본은 놓치고 특정 제품의 시장 독과점이 발생하여 기형적이고 왜곡된 시장 구조가 형성되었다. 국가가 특정 기술만을 강제한 액티브X도 동일한 경우라고 할 수 있다. 글로벌 시장의 흐름에서 벗어나 국내 기업 보호만을 위한 정책은 궁극적으로 기업 및 산업 경쟁력을 약화시켜 국가 발전 및 국민 편익에도 도움이 안 된다.

한국의 갈라파고스적인 정책은 지금도 원격의료와 클라우드 및 데이터 활용 분야에서 반복되고 있다. 이는 기술이 얻은 것을 정책이 잃는 구조다. 세계은행 등의 국제기구의 평가도 비슷하다. 기술 경쟁력은 상위인데 정책의 경쟁력이 아프리카 수준이라는 것이다. 참으로 불편한 진실이다.

플랫폼 경제에서 정부의 역할

앞에서 살펴봤듯이, 생태계 경쟁 환경에서 정부의 산업정책도 개별 기업에 대한 지원이 아닌 플랫폼 생태계 조성으로 기조가 변경되어야 한다.

과거 개별 기업에게 엔젤투자를 지원하고, R&D 과제 업체를 선정하고, 해외 전시회 참가를 지원하는 등의 직접 지원은 지속가능한 산업생태계가 미약한 상황에서는 어쩔 수 없는 선택일 수 있었다. 그러나 산업이 발전된 현 단계에서는 직접 지원은 여러 가지 문제를 야기한다. 기업들이 스스로의 기업가정신보다는 정부지원에 의지하게 되고, 실제 혁신적인 기업보다는 정책 주변에서 맴돌며 지원금을 따내는 기업들이 번성하게 될 우려가 있다. 정책자금의 레몬 마켓이 형성되는 것이다. 이제 대한민국은 추격형 경제에서 선도형 경제로 전환하는 과정에 접어들었다. 직접 지원은 시장 실패에 한해 한시적으로 국한하고 플랫폼 생태계 구축을 통한 간접지원으로 전환해야 할 것이다.

샤오미와 위피의 사례에서 보았듯이 플랫폼은 민간 주도의 협력 생태계로 조성돼야 하고 실제적인 표준의 룰이 지켜지는 개방 플랫폼이 되어야 성공 가능성이 높다. 정부가 직접적으로 개입하고 주도하면 단 기간에 강제·확산할 수 있지만, 오히려 기술 중립성을 침해하여 창발적으로 일어나는 혁신과 글로벌 추세를 방해하게 된다. 플랫폼 생태계 조성에서 정부의 역할은 공정한 시장경쟁 환경 조성과 각종 규제 철폐다. 그래야 다양한 혁신이 시장에서 선택되어 표준으로 자리 잡고 플랫폼화 될 수 있다.

플랫폼 생태계 조성을 위한 패러다임 전환

한국은 삼성전자와 현대차와 같이 수직 계열화된 닫힌 플랫폼은 세계적 수준이나, 수평 협력적인 개방 플랫폼은 매우 미흡한 실정이다. 한국의 개방 플랫폼 생태계 조성과 공유경제 생태계 구현을 위한 제언을 다음과 같이 제시하고자 한다.

첫 번째는 파편화의 문제를 해결해야 한다. 과학기술 및 산업 관련 부처 간의 장벽, 산업간 융합을 막는 칸막이 규제, 재벌 기업 중심의 수직적 계열화 등 파편화가 가장 큰 문제다. 파편화의 가장 큰 이유는 상호 불신이다. 플랫폼 경제에서 수직계열의 지배구조는 핵심역량이 아니라, 핵심 저해 요소라는 점을 알아야 한다. 수직계열에서 상호 독자성(혁신)을 존중하고 협력(표준과 효율)하는 수평 협업으로 전환하는 것이 당면 과제다. 이를 위하여 기업 간의 다양한 융합과 협력을 촉진하는 개방적이고 공정한 룰의 형성도 중요하다.

두 번째로, 규제해소가 플랫폼 경제의 중요한 요소다. 규제는 사회적 합의와 기준이라는 순기능이 있지만, 기존 산업을 과도하게 보호하여 새로운 사업 및 산업의 등장을 막는 성장 저해 요소로도 작용한다. 공유플랫폼 경제의 규제 원칙은 네거티브 규제가 되어야 한다. 새롭게 등장하는 서비스나 사업에 대해서는 원칙적으로 허용을 하고 성장에 따른 사후 규제로 전환해야 한다. 즉, 공정한 룰(제도)을 확립하고, 최소의 룰(규제)로 혁신적 시도와 다양성 보장을 해야 건강한 플랫폼 생태계가 조성될 수 있다.

세 번째는 폐쇄적인 기존 플랫폼을 개방하는 것이다. 각종 플랫폼 사업자, 네트워크 사업자, 방송 사업자, 전기 사업자들이 자신만의 영역으로 플랫폼을 구축하여 전체 생태계의 효율성을 저해시키고 진입장벽으로 활용하고 있다. 산업별 네트워크를 개방 플랫폼으로 제공할 때 더 많은 개발자와 서비스 제공자가 참여하여 소비자들에게 다양한 서비스가 제공되는 등 사회 전체의 이익이 발생한다. 폐쇄적, 수직적 영역 고수에서 가치창출의 네트워크로의 전환하기 위해서는 신뢰와 협력의 문화가 정착돼야 할 것이다.

　네 번째는 시장 규모라는 수익성의 한계를 극복해야 한다. 플랫폼의 네트워크 효과가 나타나기 위해서는 일정한 규모의 시장이 존재하고, 플랫폼의 중력응축 효과로 시장을 플랫폼 기반으로 끌어들여 재편해야 한다. 시장의 규모가 작을 경우에는 중력응축 효과가 발생하기 어렵다. 따라서 플랫폼 연계를 글로벌화 해서 시장의 규모를 키우고, 네트워크 효과를 강화할 필요가 있다. 또한 시장에서 플랫폼이 스스로 활성화되어 생태계를 형성하는 데 한계가 있을 경우에는 정부가 개입하여 시장 형성의 초기 단계인 플랫폼 구축을 한시적으로 도와줄 필요도 있다. 이 경우, 혁신플랫폼의 경우는 파편화 해소와 규제개혁을, 시장플랫폼의 경우에는 공정질서와 신뢰문화를, 기존 오프라인 플랫폼의 경우는 플랫폼 개방을 추진해야 한다.

SHARING PLATFORM ECONOMY

제5장

미래사회는
공유 플랫폼 경제로

PART 1 | 공유경제가 사회에 미치는 영향
PART 2 | 공유경제와 선순환 구조
PART 3 | 공유경제 로드맵
PART 4 | 블록체인과 공유경제의 진화

Part 1

공유경제가 사회에 미치는 영향

공유경제가 확산하면서 온라인 플랫폼과 O2O 플랫폼을 통하여 정보의 공유(오픈소스)와 물질의 공유(On-Demand)가 증가하고 있다. 온라인 플랫폼을 활용한 정보의 공유를 통하여 공급의 측면에서는 생산성을 향상할 수 있으며, 혁신을 통한 가치창출을 기대할 수 있다. 반대로 O2O 플랫폼을 통한 물질의 공유는 자원을 효과적으로 소비할 수 있게 만들어 주므로 효율을 증가시키고 비용이 줄일 수 있다. 따라서 각 기업들의 정보 공유를 통하여 가치를 창출하고, 물질의 공유를 통하여 비용을 낮추면 사회 전체의 관점에서는 사회적 후생이 크게 증가한다.

그러나 일각에서는 GDP 감소를 들어 공유경제에 대한 비판을 가하기도 한다. 특히 데릭톰슨은 '애틀랜틱'에서 "소비자들이 소비를 10% 줄인 대신에 물건을 공유하거나 사회의식 있는 거래를 10% 늘린다면, 효율적 시장에는 적합하더라도 경제의 성장에는 긍정적이라고 말하기 어렵다."라고 언급했다. 공유경제에 대한 성장 관련 비판은 성장의 척도로 GDP를 삼고 있기 때문이다. 그런데 GDP는 물질의 생산에 근거하며, 이미 존재하고 있는 물건의 2차, 3차 시장을 고려하지 못한다는 단점이 있다. 예를 들어 정보의 공유를 통한 가치창출을 반영하지 못한다. 이러한 특성으로 인하여 에어비앤비의 이사인 몰리 터너는 "공유경제는 마치 보이지 않는 경제와 같다."라고 표현했다.[115]

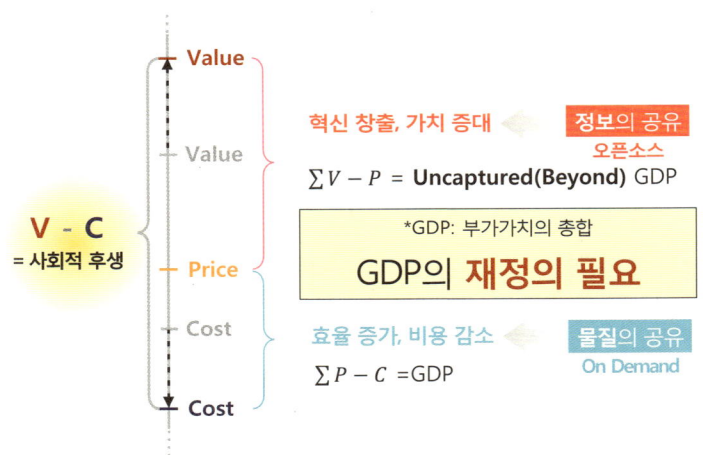

실제로 공유는 새로운 가치 창출에 기여한다. 공유를 함으로써 혁신에 집중할 수 있게 되었고, 새로운 가치창출이 가능해진다. 대표적인 사례가 바로 실리콘밸리이다. 실리콘밸리에서는 정보의 공유(오픈소스)가 일반화 되면서 생산성이 급격히 상승하고, 혁신적인 기술들이 쉽게 나오고 있다. 또한, 공통역량을

---

115) 앨리스 스테파니(2015)

공유함으로서 비용도 급격히 감소한다.

　렌딩클럽의 창업자인 르노 라플랑쉬는 렌딩클럽의 운영비는 2% 미만이지만, 은행들의 운영비는 보통 5~7%임을 지적했다. 또한 렌딩클럽의 운영비는 앞으로는 더욱 내려갈 것이며 이러한 차이가 대출금리를 낮출 것이라고 주장했다.

　혁신을 촉발하게 하는 공유경제 플랫폼의 개방성은 아무리 강조해도 지나치지 않을 것이다. 공유경제 플랫폼의 최악의 시나리오는 **폐쇄된 가두리 양식장**으로의 전락하는 것이다. 이를 방지하기 위한 국가 차원의 제도적 장치는 공유경제의 주된 연구 사항이 되어야 한다. 또한 공유경제에서의 성장의 지표는 물질 생산 중심의 GDP를 넘어선 비욘드^{Beyond} GDP의 개념이다. 이에 대한 많은 연구가 현재 진행 중인데, 결국 기존의 사회적 경제에서 주창된 소셜 임팩트라는 사회적 가치 개념으로 수렴할 것으로 보인다.

공유경제와 GDP

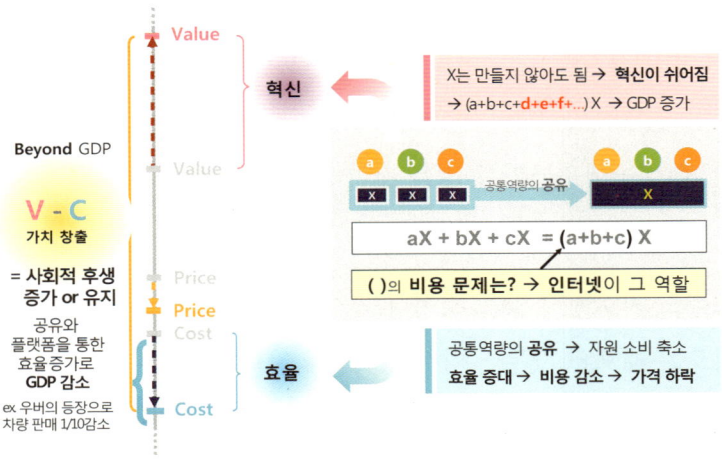

물론 공유경제에 장밋빛 미래만 있는 것은 아니다. 새로운 경제의 패러다임을 주도하는 만큼 공유경제는 기존의 소유 중심 경제사회 시스템에 많은 갈등을 야기하고 있다.

첫째, 공유경제의 부작용에 대한 여러 우려들 중 가장 대두되는 것으로, 기존 기업이나 사업자와의 이해 충돌이다. 차량 공유분야의 예를 들어보자. 택시업계 관계자들은 택시 면허 취득을 위해 많은 시간과 비용을 투자했다. 이탈리아 밀라노의 경우 €16만(약 2억 원), 한국 서울의 경우 7,000만원에 택시 면허가 발급된다.[116] 그런데 우버의 등장으로 일자리를 위협받게 되자 택시 기사들이 전 세계 곳곳에서 대규모 항의 집회를 하

---

116) 한국경제신문, 강현철, "차량 공유 앱 "우버"는 디지털이 초래한 창조적 파괴의 상징", (2014.07.07)

고 있다. 숙박공유분야에서는, 호텔 사업자들이 에어비앤비가 숙박업을 위한 요건을 갖추지 않고 여러 규제에도 따르지 않는다고 반발하고 있다.

둘째, 기존 제도 및 규제와의 충돌이다. 우버와 에어비앤비의 등장으로 공유경제가 빠르게 확산되면서 이를 어떻게 규제할 것인지에 대한 문제가 화두로 떠올랐다. 각 국가 별로 법적 해석이 다르고 같은 국가 내에서도 도시나 주마다 다르게 적용된다. 예를 들어, 벨기에 법원은 우버를 '허가받지 않은 택시영업'으로 간주하여 서비스를 금지했다. 미국 시카고 시의회는 '시민에게 편리한 교통편을 제공하는 서비스'로 우버를 전면 허용하였고, 켈리포니아는 공항 외의 서비스에 제한적으로 승인하였다. 이에 반해 같은 미국이라도 버지니아 주에서는 우버 서비스를 금지했다. 숙박공유에 대한 법적 이슈 또한 전 세계 주요도시에서 논란의 대상이다. 뉴욕 주는 30일 이내의 단기 숙박공유에 대한 제재를 강행하였고, 에어비앤비를 통한 숙박공유 호스트들에 대한 정보를 확보해서 불법성 여부를 분석하고 있다.

셋째, 우버나 에어비앤비와 같은 소수의 거대 공유플랫폼의 독점에 대한 우려다. 현재 공유경제 시장은 거대한 벤처캐피탈로 부터 투자를 받은 글로벌 스타트업들이 주도하고 있으며, 우버와 에어비엔비와 같은 소수의 글로벌 기업에게 집중되고 있다. 이러한 흐름은 공유경제의 개념과 배치되는 것이란 비판이 많이 일고 있다. 우버가 차량공유라는 혁신을 몰고 왔지만, 구글과 골드만삭스 등으로부터 거금을 투자받은 20세기형 글로벌 기업으로서 공유경제모델과는 동떨어지며, 다른 기업들의 성장을 짓누르고 있다는 비판이 나오는 이유다.[117] 온라인에서도 구글이나 페이스북이 단일 글로벌 플랫폼으로 전 세계의 검색과 소셜네트웍크 시장을 거의 독점하고 있다는 우려를 낳고 있다.

그 외에도 공유경제 활동에 대한 정당한 세금 부과 이슈, 시간제 일자리 증가에 따른 노동 환경 악화, 모바일 결제에 따른 개인정보 노출 및 프라이버시 침해 문제, 소유 대신 공유의 확대로 인한 소비 위축 및 경제 악영향 등 다양한 우려와 과제들이 생겼다. 이처럼 공유경제의 양극화와 독점화된 공유플랫폼에 관련한 문제 및 대안은 뒤에서 다루고자 한다.

---

117) 뉴욕타임스(NYT), "우버의 잇단 거액 펀딩은 경쟁사 고사 전략" (2016.06.20.)

Part 2

공유경제와 선순환 구조

모두를 위한 공유경제로 가는 길

공유경제는 사회적 신뢰 기반의 경제이다. 즉 공유경제 초기에 나타난 CC^{Creative Commons}의 진화 형태가 바로 현실과 가상이 연결된 4차 산업혁명의 O2O 공유경제다. 제레미 리프킨(2014)은 공유경제란 보이지 않는 시장의 힘보다 사회적 신뢰와 같은 사회적 자본에 더 많이 의존하면서 시장보다는 'Networked Commons'의 형태를 띤다고 주장했다.

노벨상 수상자인 엘리너 오스트롬^{Elinor Ostrom}은 '공유지의 비극을 넘어서'라는 명저에서 신뢰를 통하여 공유의 문제를 극복해야 한다고 제시했다. 마찬가지로 연결을 통하여 공유의 비용을 줄이고, 연결로 획득한 데이터로서 평판과 같은 사회적 신뢰 수단이라는 두 가지 날개를 4차 산업혁명의 공유경제가 획득한 것이다.

오프라인 공유경제의 한계였던 연결비용과 낮은 신뢰의 문제를 넘고, 온라인 공유경제의 한계였던 5% 수준의 적용 범위의 문제를 넘어, 온라인과 오프라인이 융합하는 4차 산업혁명의 공유경제는 질적·양적으로 새로운 전환점을 맞이하게 되었다.

우버, 에어비앤비 등 대표적인 공유경제 기업들은 구성원의 신뢰도(사회적 신뢰)를 평가하는 소셜 네트워크 서비스를 기반으로 한 평판시스템을 도입하여 운영하고 있다. 평판 시스템은 공유사회에서 개인의 사회적 자본을 평가하기 위해 만들어진 것으로, 지속적으로 높은 평가를 받은 회원들끼리 강한 유대관계를 갖게 하고, 이들 네트워크 룰을 어긴 회원들은 공유사회에서 퇴출시키고 있다.

즉, 인터넷 공유사회의 신뢰도 점수 서비스가 시장의 규제 활동을 위한 중요한 매커니즘이 되고 있는 것이다. 이러한 신뢰도 점수 서비스는 합의된 규범을 준수하도록 하고, 사회적 신뢰를 구축하는데 기여한다(J.Rifkin, 2014). 이러한 매커니즘으로 공유경제의 사회적 신뢰 문제는 자율 규제되고 있다.

한편 공유경제에서 심각하게 다루어져야 할 부분은 공유경제의 사회·경제적 영향이다. 공유경제의 경제적 효과를 파악하기 위해서는 공유경제 기반의 기업 성과뿐만 아니라 공유기업이 영향을 줄 수 있는 모든 경제 주체의 경제적 변화를 고려해야 한다.

공유경제의 다양한 경제·사회적 부작용의 원인은 공유경제의 문제가 아니라 분배구조의 문제이다. 따라서 공유경제를 통하여 혁신은 지원하되, 과도한 기대수익은 사회에 환원토록 해야한다. 이를 위해서는 투명한 분배구조와 기업의 발전이 사회와 선순환을 이룰 수 있는 제도의 개선이 함께 요구된다.

공유경제에 대한 영리와 비영리 논란

공유경제는 영리와 비영리의 두 얼굴을 가지고 있다. 그런데 현실적으로는 완전 공유에서 비영리 공유까지 다양한 스펙트럼으로 구성되어 있다. 또 공유경제는 과정을 공유하는 Sharing Economy와 결과를 공유하는 Shared Economy로 각각 다르게 이해되고 있다. 전자는 플랫폼을 통하여 경제 객체를 공유하는 시장 경제의 진화이고 후자는 결과를 공유하려는 사회적 경제의 형태라고 필자는 정의하고자 한다. 공유경제에 대한 많은 오해는 공유경제를 사회적 경제로 오해하는데서 발생한다.

제레미 리프킨(2014)은 공유기업을 '베네피트 기업(B-Corp·Benefit Corporation)'이라는 사회적 기업의 비즈니스 모델을 통해 설명한 바 있다. 이 기업은 시장 중심의 자본주의 경제와 공유사회 기반의 사회적 경제가 만나는 영역에서 공생의 가치를 만들어내는 시도를 하고 있다는 것이다. 또한, 일부 공유기업은 사회적 경제와 시장경제가 만나는 지점에서 상호작용하고 있을 뿐만 아니라 서로의 특성 일부를 받아들임으로써 비영리 조직과 이윤 추구 기업의 간극을 좁히고 있다고 분석했다. 2007년 이후 미국을 비롯한 주요국가에서 활발하게 확대 진행되고 있는데, 현재 50여개 국가에 걸쳐 2,000여개의 기업들이 참여하고 있다. 도브, 바세린, 립톤 등의 브랜드로 익숙한 다국적기업 유니레버, 그리고 국내 1위의 카쉐어링 기업 쏘카^{Socar} 등이 있다. 한국에도 B-Corp 활동이 정은성 현대종합금속 대표를 중심으로 전개되고 있다.

포브스와 포츈지가 가장 주목할 만한 비즈니스 트렌드 중 하나로 꼽은 바 있는 B-Corp에 대해서 미국은 30개가 넘는 주에서 이미 법제화를 했다. 빌 클린턴 전대통령을 포함한 세계적인 지도자들이 B-Corp에 대한 공식 지지 및 지원 의사를 밝히기도 했다. 앞으로 B-Corp는 우리나라를 비롯한 자본주의 세계에 긍정적인 변화를 주도할 것이다.

B-Corp의 슬로건은 일반적인 기업들이 목표로 하는 주주 중심의 경영, 이윤의 극대화 그리고 "세상에서 최고$^{best\ in\ the\ world}$"가 아니다. 이해 관계자를 포용하고, 이익과 성과를 함께 창출하고 공유하며, "세상을 위한 최고$^{best\ for\ the\ world}$"를 추구한다. 최고로^{best} 돈을 많이 버는 기업이 아니라, 가장 착한^{best} 기업이 되고자 하는 것이다. 이러한 변화는 UN의 지속가능한 목표$_{SDG\ Sustainable\ Development\ Goal}$와 ISO27000, 마이클 포터의 CSV$_{Creating\ Shared\ Value}$ 등의 등장과 시대적 소명을 같이 한다고 여겨진다. 즉

사회가 투명화 되면서 영리기업과 비영리기업이 서로 다른 것이 아니라는 결론에 도달하게 된다는 점이다.

흥미로운 점은 개방과 공유의 4차 산업혁명으로 본격 돌입하면서 영리와 비영리 기업의 차이는 축소되어 궁극적으로 융합될 것이다. 두 가지 형태 기업의 차이점을 비교하자면, 첫째 영리 부문의 사회적 기업가는 상업적 기회의 가능성에 동기를 부여받는 반면, 비영리부문의 사회적 기업가는 충족되지 않은 사회적 니즈의 해결에 더 집중한다. 둘째 두 부문의 사회적 기업가 모두 리스크를 감수하지만 그 종류는 다르다. 영리 부문의 사회적 기업가는 투자수익률 관점에서 리스크를 경계하는 반면 비영리 부문의 사회적 기업가는 자신의 자금을 걸고 리스크를 감수하는 일이 드물었다. 이들 모두 리스크를 공동체 내에서의 사회적 '평판'을 가장 크게 꼽고 있었고, 자신의 역할이 지닌 중요성을 서로 인식하지만 비영리 부문 사회적 기업가들이 성공의 공을 자원봉사자 및 서비스 수혜자 전체와 함께 나누려는 태도가 더 분명했다는 점이다.

이를 감안하여 필자는 영리를 추구하는 공유기업과 비영리 공유기업을 다음과 같이 정리했다. 영리 공유기업은 기업 이익의 극대화를 위해 최대 이윤을 추구한다. 이에 따라 소비자와 기업의 이익이 충돌되기도 하고, 과도한 수익을 창출하기도 하여 양극화의 원인을 제공하기도 한다. 비영리 공유기업은 사회적 이익의 극대화를 위해 상생 이윤을 추구한다. 플랫폼 확산에 실패하기도 하고, 시장에서 적정한 가격을 제공하여 양극화 해소에 도움이 된다. 이러한 점에서 공유경제 기업의 적정 이윤에 대해 다시 한 번 고찰해 볼 필요가 있을 것이다.

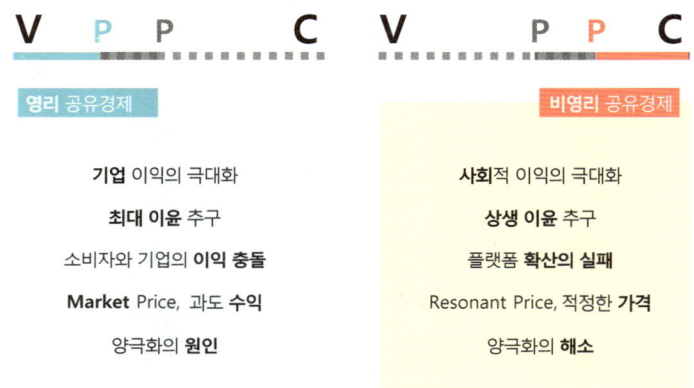

공유경제의 기본 방향

선순환 기업과 사회는 기업 정보를 투명하게 공개하므로 정보 비대칭의 문제가 해소되어 선순환이 가능하다. 필자는 선순환 기업과 사회를 근간으로 두고 공유경제 분배의 기본 방향에 대해 다음과 같이 제안한다.

공유경제에 의한 가치 창출은 반복되는 비용의 절감과 공유 가치이다. 공유경제 참여자들의 가치 분배는 사용자가 우선되어야 하며 그 다음은 개발자, 마지막으로 플랫포머[Platformer]가 되어야 한다. 거대 독점 구조의 플랫폼의 과도한 수익을 경계해야 하는 것이다. 이와 관련한 뒤에서 상세히 다루며, 여기에서는 공유경제를 통한 가치의 선순환에 대하여 논하고자 한다.

공유를 통한 가치 선순환

선순환의 진정한 의미는 사회적 지속가능성과 경제적 지속가능성을 갖기 위해 하이브리드[118]되는 과정에서 가치 창출과 가치 분배가 지속적으로 선순환하는 데서 비롯된다. 공유기업의 비즈니스는 혁신을 통해 사회적으로 가치를 창출하고, 사회적 가치 분배로 이어져야 한다. 다시 말해 공유기업은 공유가치창출[CSV 119], 사회적 미션 수행 등의 과정을 통해 사회 영역으로 들어가고 참여하면서 관심을 기울이게 된다. 또한, 이러한 일련의 과정을 통해 자연스럽게 사회시스템의 변화, 사회 문제 해결 등의 사회혁신, 즉 소셜 임팩트[Social impact]를 일으키게 된다. 소셜 임팩트는 가치창출과 동일한 개념으로 볼 수 있다. 따라서 기존 사회적 기업에서 논의되어 온 트리플 바텀라인[120]의 환

---

118) Kim Alter(2007)에 따르면 하이브리드 조직은 사회적, 경제적 가치를 생성하고 동기, 책임, 소득의 사용과 관련된 활동의 정도에 의해 편성되며 그 구조는 가장 우측에 영리 목적인 이윤창출에 목적을 두고 있으며, 좌측은 사회활동에 필요한 수행자금을 모으기 위한 경제적 활동으로 보통 비영리 조직에서 행해지는 형태를 말함. 따라서 하이브리드 기업은 이윤 목적과 사회적 임무수행이라는 두 가지 가치를 수행하므로 지속적인 균형을 이루기 위한 이중 가치 창조(Dual Value Creation)를 추구함
119) Poter & Kramer(2011)는 하버드 비즈니스 리뷰에서 공유가치창출에 대해 '기업이 활동하는 사회에서 경제·사회적 조건을 개선하면서 동시에 기업의 경쟁력을 높이는 일련의 기업정책 및 경영활동'이라고 정의함
120) 트리플 바텀라인(Tripple Bottom Line; TBL)이란 경제적 번영(Economic Prosperity), 환경의 질(Environmental Quality), 사회적 정의(Social Justice)를 의미하며 추후 소셜 임팩트로 대체되어야 함

경과 사회의 요소는 소셜 임팩트라는 가치창출로 대체되는 것이 바람직하다. 환경과 사회에 대한 기여는 공유기업을 비롯한 모든 기업 활동의 결과가 아닌 목표가 되어야 하기 때문이다.

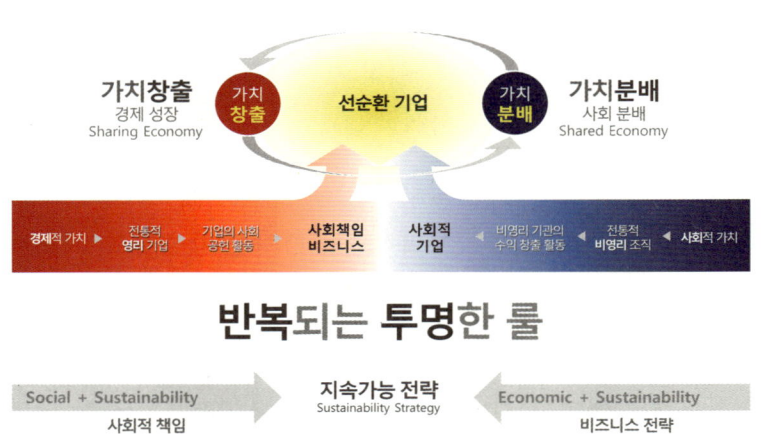

국내에서 공유를 통한 가치 선순환 사례로 shareNcare를 들수 있다. 이것은 사회적 약자를 위한 다양한 주제의 캠페인을 페이스북을 기반으로 홍보하여 유저들이 해당 게시물을 보고 좋아요를 누르면 200원, 공유하면 1,000원이 기부되는 시스템이다. shareNcare는 기업의 CSV 활동을 대행해준다는 측면에서 스폰서 기업들의 호평을 받고 있다. 또 후원 캠페인의 기부방식 역시 종전의 현금 기부 방식을 탈피하여 페이스북을 통해 쉽게 이뤄지게 하고 기부금의 최종 모금과 운영 역시 투명하게 공개하기 때문에 기부자들에게도 호평을 받고 있다.

공유기업의 가치창출 방정식

일반적으로 $V^{Value}-P^{Price}$가 소비자 이익이라면, $P^{Price}-C^{Cost}$는 생산자 이익이며, $V^{Value}-C^{Cost}$는 사회적 가치이다. 공유기업의 존재 이유는 'V-C' 사회적 가치에서 찾아야 하며, 이는 곧 공유기업이 지향해야 할 목표이다.

공유기업의 가치창출 방정식

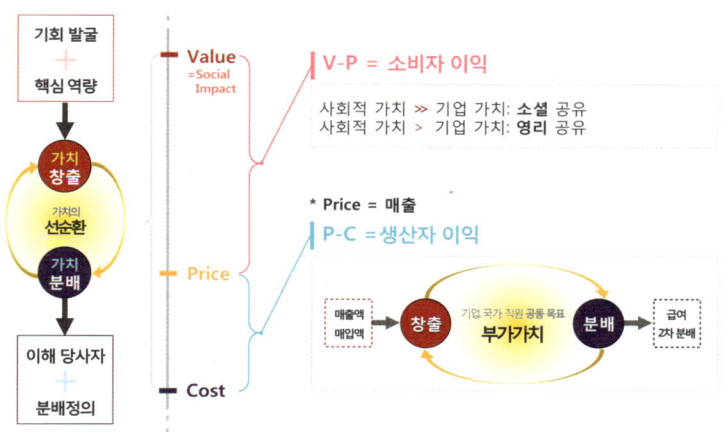

사회적 가치와 경제적 가치의 교환 시스템[121]

사회 혁신 과정에서 기업의 핵심 활동은 핵심 자원의 확보로 이어지며 가치 창출로 연결된다. 공유기업은 혁신을 통하여 사회적 가치를 창출하고, 직접적인 판매와 더불어 제3자의 가치 교환을 통하여 지속가능한 수익을 얻게 된다. 이때 공유기업의 사회적 가치를 측정하고 교환하는 선순환 시스템이 필요한데, 필자는 다음과 같이 제안한다.

사회적 가치와 경제적 가치의 교환 시스템은 브랜드의 제공이라는 단순한 형태에서부터 네이버의 해피빈과 같은 사회적 자산 교환 구조 등 복잡한 형태로 진화가 가능하다. 동 시스템은 그 구조가 광고에 의존하는 미디어와 비슷한 구조이다. 일반인에게 미디어의 콘텐츠를 제공하고 수익은 광고를 통하여 제3자에게서 제공받는 구조인 것이다. 이 단계에서 제3자는 사회적 가치와 경제적 가치를 교환하게 된다.

---

121) KCERN(2014), "소셜벤처" 보고서

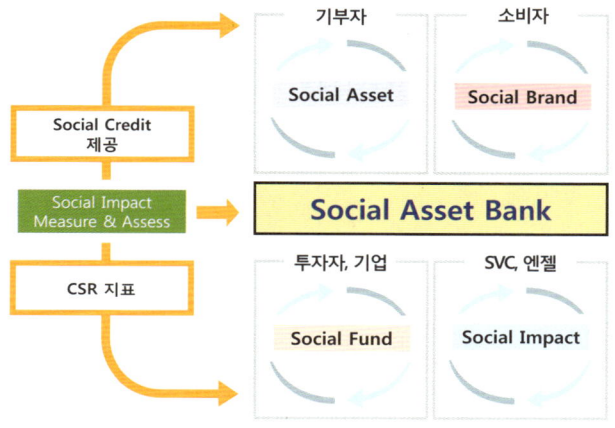

경제적 가치와 사회적 가치의 교환 시스템

자료: KCERN(2014)

위 [그림]에서 볼 수 있듯이, 동 시스템의 구성원은 기부자, 소비자, 투자자, 기업, SVC, 엔젤 등이며 그 중심에는 Social Asset Bank가 있다. Social Asset Bank의 역할은 사회에 기여한 이들이 향후에 경제적으로 어려움을 겪을 때 Social Asset만큼 사회가 펜션 펀드에서 부담해주거나 세금을 많이 낸 사람들에게 세금 마일리지 제도를 통해 그들에게 존경을 표하고 세금 마일리지에 해당하는 펜션을 더 만들어 주는 것이다. 소셜펀드에 모금한 기업들에게는 CSR 활동으로 인정해주자는 것이다. 이와같은 시스템의 운영방법으로 게임화Gamification 기법을 추천한다. 크라우드 소싱은 대중 참여로 검증하고 이에 대한 사회적 명예를 부여하도록 해야 한다. 선순환에 기여하는 사람들에게는 명예를, 선순환을 저해하는 사람들에게는 불명예를 준다면 반복된 게임에서 남을 배려하는 다수의 사람들이 승자가 될 것이다. 이 시스템은 기술의 발전과 소셜 시프트 현상이 가져온 부분이 혁신을 전체로 실시간 전파하게 된다. 또 과거에는 불가능했던 사회적 가치와 경제적 가치의 교환 구조가 성립될 것이다.

공유기업의 소셜 임팩트 평가시스템 구축

사회적 가치와 경제적 가치의 교환 시스템 구축과 더불어 공유기업의 소셜 임팩트를 평가할 수 있는 시스템의 구축도 필요하다. 피터 드러커는 "측정할 수 없으면 관리할 수 없고, 관리할 수 없으면 개선할 수 없다."라고 말하며, 비즈니스의 지속가능한 성장과 발전을 위해 측정과 평가가 얼마나 중요한 지를 설명했다. 사회·환경적 활동 등 비재무적 성과를 반영하기 위한 임팩트 투자에서도 이런 성과에 대해 정보를 제공해 줄 측정과 평가의 과정이 필요하다. 그렇기 때문에 공유기업의 소셜 임팩트 평가시스템 구축은 우리에게 남겨진 숙제일 것이다.

B2B기업의 소셜 임팩트는 비교적 평가하기 쉽다. 거래 상대방이 획득한 가치를 측정하면 된다. 그러나 B2C기업의 소셜 임팩트는 인간의 미학적 가치를 평가하는 것이 본질이므로 주관적이다. 그럼에도 불구하고 객관화를 통하여 소셜 임팩트를 평가해야만 한다. 이는 집단지능의 발현으로 가능해진다. 부동산과 주식의 가치가 정해진 것과 유사하다. 4차 산업혁명 시대

에는 초융합 구조가 인간을 집단화하는 소셜화 과정을 거쳐 집단생명화, 즉 호모 모빌리언스가 되고 있기에 그 가능성의 길이 열리고 있다.

공유경제의 선순환 구조 정착

공유경제는 정보, 물질, 관계를 공유하는 사회적 신뢰 기반 경제로, 가치 창출과 가치 분배의 기본 방향을 전제로 한다. 공유경제의 선순환 구조를 빠르게 정착시키기 위해서는 조건이 필요하다. 먼저 혁신 지향의 분배 룰[Rule]을 수립하는 것이다. 그다음으로 공유를 통한 가치 선순환 체계를 구축하며, 사회적 가치와 경제적 가치의 교환 시스템 구축 및 소셜 임팩트 평가시스템을 구축해야 한다. 이를 위하여 개개인의 가치 창출과 분배 활동이 데이터화 되어야 하는데 그것이 곧 집단지능화이며 사회적 인프라가 된다.

Part 3

공유경제 로드맵

공유경제는 4차 산업혁명의 몸통이라 할 수 있다. 미래 사회는 정보(시간)와 물질(공간)과 관계(인간)가 공급, 소비, 시장을 통하여 입체적^{Cube}으로 공유된다. 정보 공유를 통하여 지식은 폭발적으로 증가하여 사회적 가치를 창출한다. 물질 공유를 통하여 자원은 최적화되고 비용은 감소한다. 관계 공유를 통하여 자기 조직화되는 사회는 궁극적으로 생명 현상을 띄게 된다. 초생명 사회로 진화한다는 의미다. 그러므로 공유경제는 인간 사회의 차원을 한 단계 높여 줄 것이다.

공유경제는 오픈소스(CC), 온디맨드(협력적 소비), 프로슈머, 온라인 플랫폼, O2O 플랫폼, SNS, 개방혁신, Gig Economy 등 다양한 형태로 등장하고 있다. 그러나 그 본질적 의미는 경제 주체와 객체의 공유라는 하나로 귀결된다. 이러한 공유경제의 입체적 의미를 KCERN은 3X3 매트릭스의 공유경제 큐브 모델로 정의하고, 이를 공유경제 모델로 제시한 바 있다.

공유경제에서 뒤쳐지는 국가는 4차 산업혁명의 낙오자가 될 것이다. 그렇다면 과연 대한민국은 대비가 되어 있는가. 이제 대한민국이 공유경제의 선도 위치에 서기 위한 각고의 노력이 필요하다. 아래의 4가지 각도에서 공유경제 대안을 정리해 보고자 한다.

첫째, 공유경제의 본질적 의미를 공유해야 한다. 가치관이 공유되어야 국가의 역량이 집결된다. 공유경제를 통하여 우리 사회의 가치창출과 가치분배의 선순환이 이루어질 수 있다는 비전을 공유하도록 하자.

둘째, 공유경제 입체 모델에 기반한 공유경제 발전 정책이 필요하다. 정보의 공유인 오픈소스, 물질의 공유인 온디맨드$^{On\text{-}Demand}$, 관계의 공유인 프로슈머^{Prosumer}의 확산이 소비 관점에서 제시되는 정책이다. 공급 관점에서는 개방혁신과 협력적 생산 정책이 요구된다. 이러한 소비와 공급을 연결하는 온라인 플랫폼, O2O 플랫폼, 관계 플랫폼^{SNS}이 공유경제의 시장 인프라에 해당된다.

셋째, 공유경제의 가치 분배의 선순환 구조가 확립되어야 한다. 공유를 통한 가치창출이 선순환되지 않으면 공유경제 자체가 부정되고 불합리한 규제가 덧씌워질 수 있다. 공유경제에서 창출되는 가치가 참여자 중심으로 순환될 수 있도록, 공유경제 플랫폼 사업자에 대한 사회적 제도가 요구된다.

넷째, 공유경제를 뒷받침하는 사회적 신뢰가 형성되어야 한다. 사회적 신뢰와 유대감은 공유경제를 지속가능하게 하는 자산이다. 이러한 사회적 가치가 경제적 가치와 선순환될 수 있는 교환 구조가 지속가능한 공유경제의 인프라일 것이다. 그리고 그 바탕은 데이터의 개방과 공유에 있다.

공유경제가 갖는 사회적 의미는 무엇일까? 바로 초생명사회로 가는 자기조직화의 과정에 돌입했다는 것이다. 환경 변화에 최적의 적응을 할 수 있는 조직이 생명체다. 최소의 자원으로 최대의 효과를 발휘하는, 스스로 진화하는 구조가 바로 생명체다. 그리고 이것이 경제의 주체와 객체가 입체적으로 자기 조직화한다는 공유경제 큐브^{Cube} 모델이 갖는 의미이다.

4차 산업혁명은 사물을 다루는 과학기술, 나를 대상으로 하는 인문학, 우리를 대상으로 하는 경제사회가 초융합하는 것이다. 그리고 결국 공유경제로 진화하게 된다. 다보스 포럼에서는 2025년이면 본격적인 공유경제 사회로 진입하게 된다는 주장을 내 놓고 있다. 그럼에도 불구하고 다보스 포럼은 그 과정과 인과관계에 대한 논리적 설명은 제시하지 못하고 있다. KCERN의 공유경제 큐브 모델은 최소의 자원으로 최대의 효과를, 지속가능하게 진화하는 사회경제적 해법을 제시한 것이다.

공유경제 큐브 모델

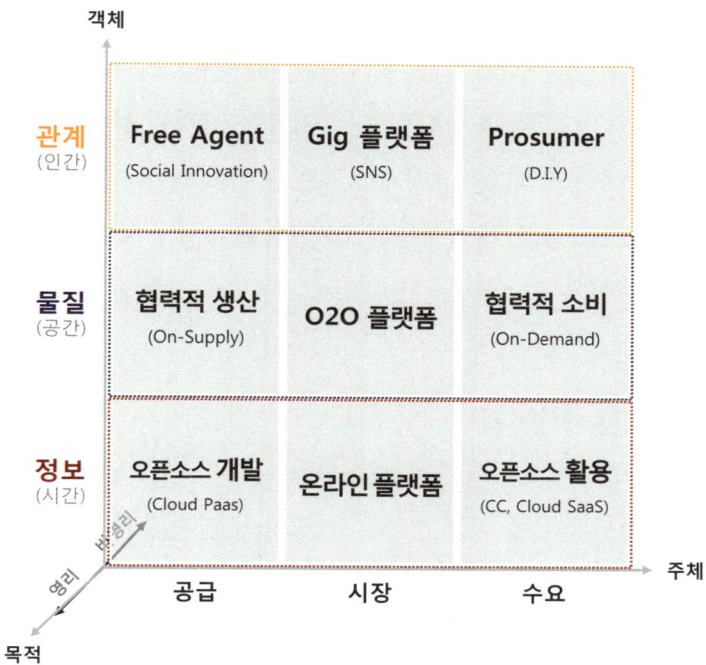

공유경제 큐브모델에 대해 다시 정리해보면 공급, 시장, 소비라는 경제의 주체와 정보, 물질, 관계라는 경제의 객체의 3X3 조합으로 9종류의 공유경제가 설명된다. 그리고 이 카테고리에는 기존의 모든 개념이 포함된다.

공유경제의 시작은 세계적으로 온라인상의 정보의 공유로부터 시작했다. 이어서 무선인터넷과 사물인터넷의 발달로 물질세계의 온라인화가 진행되면서 협력적 소비와 협력적 생산이라는 O2O 공유경제가 확산되었다. 세계 경제의 5%에 불과한 콘텐츠 중심의 온라인경제에 비해서 O2O 공유경제는 10배 이상의 임팩트를 미치면서 공유경제의 본격화는 협력적소비로부터 비롯되었다. 이어서, 일자리의 대변화가 시작되면서 긱 이코노미$^{Gig\ Economy}$와 놋워킹^{Knotworking}이라는 일자리 분해와 융합 현상이 발생하게 되었다. 여기에서는 이러한 공유경제 큐브모델을 바탕으로 4차 산업혁명의 핵심인 공유경제 로드맵을 제시하고자 한다.

공유경제로 가는 길

세계경제포럼^{WEF}을 비롯한 많은 기관들이 일관된 예측하고 있듯이, 4차 산업혁명은 궁극적으로 공유경제로 진행된다. 또 4차 산업혁명의 본질적 속성은 소유의 현실과 공유의 가상이라는 두 세계가 융합하는 '융합경제'이다. 그런데 기술의 발달에 의해서 소유보다 공유의 비중이 빠르게 증가하고 있다. 사회적 임팩트도 강화되고 있다. 공유를 통하여 사회 전체의 효율과 혁신이 증가하고 기업 경쟁력이 강화되는데, 이런 공유경제에 대한 근본적 대비가 안 된 국가는 4차 산업혁명의 후진국이 될 수밖에 없다.

레이첼 보츠먼이 공유경제는 공유된 정의가 없다고 할 정도로 개념은 혼돈 속에 있기는 하지만, 공유경제의 모델과 공유경제로 가는 로드맵을 구축하려는 노력이 필요하다. 미래 국가 비전을 위한 필수 요소이기 때문이다.

공유경제는 영어로 Sharing Economy와 Shared Economy로 구분된다. 기회를 공유하는 시장적 공유경제와 결과를 공유하는 사회적 공유경제다. 세계경제포럼 등이 얘기하는 공유경제는 기회의 공유경제인 Sharing Economy이며, 서울시 등에서 추진하는 공유경제는 Shared Economy의 성격을 가지고 있다. 공유경제의 로드맵에서는 세계적 추세인 Sharing Economy에 대한 로드맵을 제시하고 Shared Economy를 추후 간단히 언급하고자 한다.

공유경제 로드맵 1단계 | 정보의 공유경제

오스트롬이 '공유지의 비극을 넘어서'라는 저서에서 제시한 인사이트들은 오프라인 세계를 주된 대상으로 했다. 때문에 소유가 원칙인 현실 세계에서는 매우 제한적인 대안이었다. 그러나 3차 산업혁명이 창출한 가상세계는 본질적으로 공유경제의 속성을 지니고 있다. 오스트롬이 강조했던 협력적 소비가 온라인 세계에서는 자연스럽게 가능해졌다.

한국의 공유경제 로드맵 1단계는 공유경제 큐브모델에 입각하여 정보를 공유하는 오픈소스 단계다. 스톨만[Stallman]과 레식[Lessig] 교수 등이 카피라이트의 반대 의미인 카피레프트 운동을 주창한 결과 실리콘밸리 소프트웨어의 95%는 오픈소스화 되었다. 5%만 개발하면 되는 산업생태계가 만들어지니, 혁신은 급속도로 확산됐고, 개발비는 기하급수적으로 감소했으며 창업은 촉진되었다. 그런데 한국은 아직도 90% 이상의 소프트웨어가 자체 개발이다. 콘텐츠와 소프트웨어 오픈소스의 확산이 비효율적인 산업 구조를 효율적인 협력 구조로 재편할 것이다. 이러한 오픈소스의 확산을 위하여 다음과 같은 로드맵이 필요하다.

① 오픈소스 개방 촉진 | GITHUB와 같이 소프트웨어를 공유하는 소셜코딩(Social coding)의 확산을 위하여 영국의 'Better Choice, Better Deals'[122]와 같은 공유 촉진책이 필요하다.

② 오픈소스 활용 촉진 | 아파치, GPL 라이선스 등을 확산하여, 오픈소스는 혁신을 촉발하고자 하는 것이지 무조건 공짜는 아니라는 이해를 공유해야 한다.

③ 공공 데이터 개방 촉진 | 현재 10% 미만의 공공 데이터 개방을 3년 내 90% 이상을 개방하는 정책 로드맵이 필요하다. 이를 통하여 세종시와 혁신도시의 스마트 워크가 가능하도록 외부망 PC에 데이터 탑재를 하면, 민간과 소통이 촉진되고 업무 효율이 적어도 30%는 증가될 것이다.

④ 공공 데이터 활용 촉진 | 공공 데이터 개방으로 수많은 매쉬업(mashup) 기업들이 등장할 수 있도록 해야 한다. 이를 위해서는 사회적 가치창출에 대한 보상 시스템이 필요하다. 소셜 공유기업들의 보상은 공공 조직의 비용의 일부만으로도 충분할 것이다.

⑤ 조직의 보안과 개방의 패러다임 전환 | 이제 기업은 보안 위주의 사고에서 벗어나야 한다. 대신 보안과 개방혁신의 균형을 맞추는 패러다임으로 전환되어야 한다. 경쟁 시대의 보안 논리는 기업들을 패쇄적인 파이프라인형 기업으로 만든다. 그리고 결국 고사시킬 것이다.

---

122) 영국은 데이터의 이용률을 높이고 다양한 활용을 통해 경제성장을 도모하고자 'Better Choice, Better Deals'라는 데이터 공개와 기업들이 보유한 데이터를 소비자에게 제공하는 정책을 시행하고 있다.

공유경제 로드맵 2단계 | 물질의 공유

오픈소스 운동이 공유경제를 시작하는 방아쇠가 되었으나 세상을 바꾸기에는 한계가 있었다. 그러나 현실과 가상이 융합하는 O2O경제가 등장하면서 공유경제는 본격적으로 세상을 바꾸기 시작했다. 한편 콘텐츠 중심의 온라인 경제는 세계 경제의 5%에 불과하다. 그런데 협력적 소비로부터 본격화된 O2O 공유경제는 여기에 비해 10배 이상의 임팩트가 있다.

공유경제 로드맵의 두 번째 단계는 물질과 정보가 연결되는 'O2O 공유경제' 단계이다. 이 단계에서는 기득권을 뛰어넘는 사회적 의사결정 구조에 대해서 고민해야 한다.

1단계 온라인 콘텐츠 공유경제는 상대적으로 기득권자의 반발이 적었다. 이해관계 충돌도 적고 세상에 미치는 영향도 적었기 때문이다. 그러나 O2O 공유경제는 현실세계, 오프라인의 기득권자가 존재하고 있으므로, 이들의 기득권을 뛰어넘는 사회적 의사결정 구조가 뒷받침되지 않으면 O2O 공유경제는 실현 불가능하다.

우버의 합법화 여부를 예로 들어 보자. 우버의 도입으로 인해서 분명 손해 보는 집단이 존재한다. 그러나 사회전체로 보아서는 소비자 편익은 증대되고, 사회적 비용은 감소하고, 환경은 보전된다. 결국 사회전체의 이익이냐 기득권자의 이익이냐 하는 논리의 문제로 귀결될 것이다. 그렇다면 과연 어떤 선택을 해야 합리적일까?

분명한 것은 플랫폼 사업자와 참여자 간의 이익 분배문제는 공정한 게임의 룰이 적용된다면, O2O 플랫폼 공유경제는 대부분의 경우 사회전체에 이익이 된다는 점이다.

1) 클라우드 규제 개혁

공유경제 로드맵 2단계의 핵심 과제는 현실과 가상을 연결하는 공유경제의 다리를 건설하는 것이다. 바로 클라우드 확보다. OECD 인터넷 트래픽 중 클라우드 비중이 90% 수준인데 비하여 한국은 한 자리 수에 머물고 있다. 공유경제의 준비가 되어있지 않다는 의미다. 현실과 가상을 연결하는 다리가 없으면 공유경제는 시작될 수 없다고 보아야 한다. 집단지능이 공유경제의 핵심 요소인데, 집단지능은 빅데이터를 통한 인공지능으로 가능해지기 때문이다. 이를 위해서 클라우드 트래픽을 OECD 수준의 절반인 50%로 끌어올리는 클라우드 50 프로젝트가 최우선 과제가 된다.

현재 클라우드 가이드 라인과 개선방향

현재 가이드라인	개선 방향
이용대상이 '공공기관'에 국한	'공공부문'으로 확대(지자체 포함)
사전검토 → 본검토(2단계)	사전검토와 본검토를 통합(1단계)
개방시 허가 + 개방 페널티	비개방시 허가 + 개방 인센티브

우선, 공공기관의 민간 클라우드 사용을 촉진해야 한다. 이를 위해서는 클라우드 발전법의 기본정신을 따라야 한다. 하위규

정인 가이드라인에서 중앙정부, 지방정부가 아닌 공공기관만으로 명시된 규정은 원칙적으로 네거티브(Negative) 관점에서 해석되야 한다. 클라우드 발전법에 지자체의 클라우드 활용을 명시했음에도 불구하고 가이드라인에 없다는 이유로 활용이 제한되는 것은 네거티브 해석 원칙에 어긋난다. 수동적인 공공기관 임직원들의 분위기를 감안해서 당장 가이드라인을 변경해야 한다. '공공기관'에서 지자체와 중앙정부를 포함하는 포괄적 규정으로 말이다.

이어서, 클라우드 활용의 보안 규정을 선택적 클라우드 사용에서 원칙적 클라우드 사용으로 변경해야 한다. 개방할 데이터를 선정하는 것이 아니라 비개방 데이터의 사유를 명시하라는 것이다. 이때 개방 데이터는 민간 클라우드를 쓰도록 하면 공공과 민간의 효율성이 올라가고 국가 전체의 경쟁력이 최소 10%는 향상될 것이다.

2) 개인정보 규제 개혁

규제를 단계별로 나누어 보면 개인정보 수집단계, 개인 비식별화 정보의 활용단계, 그리고 인공지능을 통한 기존 사업과의 융합단계로 나누어진다. 개인정보수집 규제에서 개별 사안별 사전 동의는 벗어나야 한다.

빅데이터의 특징은 사전에 모든 것을 알 수 없다는 것이다. 개인정보는 중요하므로 개인에게 통제권이 주어져야 한다. 이제 개인정보는 개인의 자산과 같은 것이다. 자산은 보호되거나 활용될 수 있다. 개인정보도 보호, 활용되고 그 여부도 개인의 판단에 맡겨야 한다는 것이 세계적인 추세이다. 그러나 가장 중요한 것은 개인정보의 활용규제이다. 비식별화 정보는 개인정보가 아니라고 인정하고 활용할 수 있도록 해야 한다. 그렇게 하지 않으면 공유 플랫폼 경제는 시작조차 불가능하다.

그런데 한국의 현실은 어떠한가? 한국은 비식별화에 대해서는 법적인 정의도 없고 그나마 있는 가이드라인에 따른 정의는 '재식별화가 되지 않아야 된다'는 것 정도이다. 기술의 무한한 발달을 상정해 볼 때 재식별화가 불가능한 비식별화는 현실적으로 불가능하다. 즉, 현재의 규제 가이드라인 하에서는 4차 산업혁명을 하지 말라는 것과 같다.

전 세계적인 추세는 '비식별화'가 아니라 '재식별화'를 규제하는 것이다. 가장 보수적이었던 일본과 유럽도, 비식별화가 아니라 재식별화를 규제하고 있다. 특히 비식별 데이터는 일본, 유럽과 같이 법적으로 명확히 해야 한다. 일본과 같이 익명화를 기준으로 정의하고 재식별을 규제하면, 개인의 정보의 보호와 활용의 균형이 완성된다. 현재와 같은 비식별화 규제는 4차 산업혁명으로 가는 길을 완전히 봉쇄해 공유경제 자체를 불가능하게 하고 있다는 점을 다시 한 번 강조하고 싶다.

3) 진입규제 개혁

2단계 로드맵에 있어서 생각해야 할 다음 문제는 사회 전체와 이해관계자 이익 사이에서 발생하는 갈등 문제다. 3차 산업혁명이 초래한 온라인 콘텐츠 공유경제는 신천지를 개척하는 것과 같았다. 상대적으로 기득권자의 반발이 적었으므로 네이버와 다음이 성장할 때에도 기득권자의 진입장벽이 거의 없었다. 3차 산업혁명은 기술과 기업가정신의 경쟁이었던 셈이다. 덕분에 한국이 세계 최선두로 부상할 수 있었다. 그러나 4차 산업혁명은 기술보다 제도의 경쟁이다. 한국의 기술 경쟁력은 10위권인데, 제도의 경쟁력은 70위권 밖이라는 것을 명심하자. 한국은 기술로 경쟁하는 분야는 글로벌 상위권에 도약하나, 제도로 경쟁하는 분야는 OECD 하위권으로 처지고 있다. 드론, 자율주행차, 핀테크, 원격의료 등 4차 산업혁명 분야에서 중국에 뒤쳐진 이유는 분명 기술이 아니라 규제의 문제다.

4차 산업혁명에서 O2O^{Online 2 Offline} 공유경제는 현실세계의 기득권자가 존재하고 있고 각종 진입 규제가 가로막고 있다. 그렇다면 어떻게 해야 할까? 소비자를 위하고 국가 혁신을 위하여 기득권을 뛰어넘는, 규제개혁 역량이 뒷받침되어야 한다.

야간버스인 콜버스와 출퇴근 공유인 풀러스 등 차량 공유 서비스 등은 기존 사업자와 충돌하지만 사회에는 이익이 된다. 그럼에도 불구하고 이들 스타트업들은 모두 규제에 힘들어 하고 있지 않은가. 전 세계 스타트업의 70%는 한국에서 불법일 가능성이 존재한다. 숱한 스타트업들이 한국의 규제의 불확실성으로 인하여 사업을 접거나, 해외로 이전하고 있다.

한국에서는 변호사, 의사, 세무사 등 '사'자가 들어가는 수많은 직업 단체들이 강력한 진입장벽을 구축하고 있다. 이 진입장벽은 전 세계가 시행하는 원격의료를 좌초시키고 말았다. 그 결과 초고령화 사회에 대한 대책이 사라졌다. 편의점 약 판매를 힘으로 저지하고 있다. 그런데 소비자 단체는 말이 없고, 생산 공급자의 단체들은 조직화되어 있고 힘이 있다. 표의 결집력으로 국회의원들에게 압력을 가하고, 법제도의 형성에 강력한 영향을 미치고 있다.

현재 입법부와 행정부에만 의지해서는 4차 산업혁명으로 가는 공유경제의 확산은 기대하기 어렵다. 기득권 세력이 지금까지 강력한 힘을 발휘해 왔기 때문이다. 이러한 법과 제도의 재정비가 필요하다. 그리고 그 바탕은 소비자 주권의 회복이 되어야 할 것이다. 인공지능 기반의 규제영향평가 시스템의 객관화, 투명화, 실시간화가 필요하다. 각종 진입규제에서 진입은 쉽게 하고 퇴출을 강화하는 제도를 바꾸어야 한다.

4) 혁신 투자 시장의 형성

공유경제 플랫폼 구축에 있어서 또 다른 문제는 막대한 비용이다. 일정 규모의 임계량에 도달하지 않은 플랫폼의 가치는 크지 않다. 때문에 막대한 투자를 통해서 규모를 확장하고 소비자 간의 충성도를 끌어올려야 한다. 이런 투자 자본을 조달 할 수 있는 것은 국가이며 국가의 지원이 공유플랫폼 기업을 완성해 나간다.

일본과 유럽이 공유 플랫폼 경제에서 미국에 현저히 뒤처진 가장 큰 이유는 혁신자본 투자의 문제이다. 페이스북의 예를 들어보자. 페이스북이 실제로 수익을 낸 건 얼마 되지 않는다. 오랜 기간 동안 투자가들은 적자를 인정했다. 제프 베조스는 세계 최대의 갑부로 등장했지만 테슬라는 아직도 적자를 면치 못하고 있다. 이를 어떻게 설명할 수 있을까?

공유플랫폼 기업을 수탈자로 생각한 규제 정책은 결국 공유플랫폼 경제의 낙오자를 만든다. 공유플랫폼 기업이 전무하다시피 한 일본과 유럽을 보라. 적기조례[123]가 과거의 자동차 산업을 영국에서 축출했듯이, 이제 잘못된 규제가 미래의 공유플랫폼 산업을 축출하고 있는 것이다. 미래 산업은 거대의 플랫폼기업과 다양한 롱테일 기업의 혼합경제이다. 공유플랫폼 기업이 사라지면 작은 롱테일 기업도 사라진다. 큰 나무가 없으면 작은 나무들도 쓰러지는 것과 같은 이치다.

5) 공정 생태계

다음 단계는 이제 강력한 공유플랫폼 기업과 롱테일 기업 사이의 공정한 게임의 룰을 지켜주는 일이다. 대중소기업 간의 공정한 경제의 룰은 정부의 역할이다. 투명성과 개방성이 보장되어야 한다. 가장 중요한 것은 공유플랫폼 기업의 과도한 수익과 불공정 거래를 방지하는 것이다. 과도한 수익 방지를 위해서는 혁신을 통한 수익과 지대적 수입을 분리할 수 있어야 한

---

123) 19세기 말, 영국에서 시행된 법률이다. 도로에서 자동차의 중량이나 속도 운행 방법에 대한 것을 규정한 것인데, 영국의 자동차산업의 발달을 방해하고 독일, 프랑스보다 뒤쳐지게 하였다.

다. 과도한 갑을 구조를 사전에 예방하기 위해서는 공유플랫폼 기업이 여럿이어야 한다. 즉 멀티호밍^{Multihoming} 정책이다. 이러한 단계를 거쳐 공유플랫폼 기업은 세상에 효율을 통해서 자원을 절약하고, 혁신을 통해서 새로운 가치를 만들어 낼 것이다.

공유경제 로드맵 3단계 | 관계의 공유

공유경제 로드맵의 3단계는 인간관계의 공유다. 과거 산업혁명 이전에는 생산과 소비가 결합되고 일과 놀이가 통합되어 있었으나 저효율 사회였다. 산업혁명이 시작되면서 생산과 소비가 분리되고 일이 분리되면서 효율은 급상승했다. 그러나 악마의 맷돌[124]이 작동하여 양극화가 초래되고 물질의 낭비가 심각해졌다.

이제 공유경제를 통해서 물질 낭비를 줄이고 환경을 정화하고 그리고 양극화를 축소할 수 있는 대안이 등장했는데, DIY$^{Do\ It\ Yourself}$이다. 이 과정에서 궁극적으로 생산과 소비가 재결합된다. 단, 산업혁명 이전 형태가 아니라 집단지능에 바탕을 둔 스마트 DIY다. 집단지능으로 아이디어 플랫폼에서 디자인을 다운로드 받아 나만의 아이디어를 추가하여 3D 프린터로 나만의 제품을 제작한다. 이 과정에서 일자리는 일거리로 분해되고 본인이 가장 잘하는 일을 중심으로 일과 놀이가 재결합된다. 바로 프리에이전트$^{Free\ Agent}$의 시대가 된다. 일과 생활의 밸런스인 워

---

124) 칼 폴라니(1886~1964)가 1944년 저작 <거대한 전환>에서 시장경제를 다양한 삶의 방식과 가치를 분쇄하는 '악마의 맷돌'에 비유했다.

라밸(WoLaBal)도 이러한 프리에이전트의 자기조직화로 가능하다.

 1) 긱 플랫폼(Gig Platform)의 육성

 1960년 노벨상을 받은 코즈의 말대로 거래비용이 극소화되면 시스템은 최적화된다. 모든 사람이 자기의 전문 분야에서 자기 역량을 극대화시킬 수 있는 사회가 최고의 사회다. 기업은 경쟁 역량이 없는 부분은 떼어내고, 최고의 경쟁 역량을 가진 기업들과 협력하는 개방협력 구조로 전환했다. 이제 개인의 차원에서도 자신이 제일 잘하는 일을 중심으로 재결합하는 스마트 프리에이전트 사회가 도래하고 있다.

 다니엘 핑크는 프리에이전트를 자아실현을 추구하는 사람들이라고 얘기한 바 있다. 이는 인간의 궁극적 욕망으로 가는 길이다. 많은 1인 기업들이 이러한 프리에이전트를 재현하고 있다. 이들은 비정규직이 아니다. 정규직과 비정규직을 구별하는 것은 2차 산업혁명 시대의 논리이다. 프리에이전트의 개념은 3차 산업혁명에서도 등장하지만, 4차 산업혁명에서는 좀 더 발전된 스마트 프리에이전트로 조직화된다. 이때 놋워킹(Knotworking)으로 분해된 일과 함께 인간과 인간의 관계가 모색되어야 한다.

 2) 프리에이전트 사회보장 체계

 생산자와 소비자를 나누는 것은 이제 적절하지 않다. 생산은 수많은 생산자 소비자가 협력하여 생산하는 소셜 이노베이션(Social innovation) 형태로 변모하고 있기 때문이다. 프리에이전트를 연결하는 엑세스 이코노미$^{\text{Access economy}}$가 등장하고 긱 플랫폼$^{\text{Gig Platform}}$이 이를 뒷받침한다. 때문에 1인 총괄적인 대안이 필요하다. 문제는 이들의 직업이 계속 기술혁신에 따라 바뀌고 있다는 점인데, 이를 뒷받침할 수 있는 사회보장 체제를 갖추어야 한다.

소셜 공유경제

마지막으로 영리 공유기업과 비영리 공유기업, 즉 Sharing economy와 Shared economy를 살펴보자.

결과를 공유한다는 Shared economy는 협동조합 형태고, 사회주의적인 분배의 성격을 띠고 있다. 과거에도 그랬지만 앞으로도 생산자와 소비자가 연결된 소셜 이노베이션 형태의 협동조합은 필요하다. 그런데 여기에도 반드시 기업가정신은 있어야 한다.

산업혁명 이후 대부분의 가치창출은 기업가정신을 통해서 이룩되었다. 기존의 협동조합이 영리기업과의 경쟁에서 뒤처진 이유는 기업가정신이 없었기 때문이다. 비영리기업도 사회적 가치창출이 있기에 존재의 의미가 있다. 그리고 사회적 가치창출을 새롭게 만들어내는 것은 바로 기업가정신이다. 소셜 앙트러프러너십$^{\text{Social Entrepreneurship}}$이 바로 4차 산업혁명에 있어서 우리가 지켜야 될 비영리 공유기업의 중요한 근본 가치일 것이다. 그리고 결과적으로 영리와 비영리를 넘어 사회적 가치를 창출하는 공유경제가 바로 소셜 공유경제이다.

또한 혁신은 실패의 동의어이다. 영리기업도, 비영리기업도 혁신을 위해서는 실패가 필요하다. 실패를 용납하지 않는 문화에서는 혁신도 혁신을 이끄는 기업가정신도 싹틀 수 없다.

공유경제 촉진 정책

공유경제는 자원의 효율과 가치의 증대를 목적으로 한다. 이러한 공유경제의 촉진을 위하여 공유경제 큐브 모델에 입각한 대안을 제시하고자 한다.

오픈소스의 촉진 | 정보의 자기조직화

오픈소스는 지식, 정보의 효율을 극대화하는 대안으로 그 사회의 소프트 파워 역량을 결정하는 핵심 인프라다. 오픈소스는 사회 전반의 가치를 증대시키지만, 개별 조직의 차별화에는 역행한다. 그래서 국가 정책에 의한 제도적 개입이 필요하다. 이를 위한 몇 가지 정책 제언을 하자면 다음과 같다.

① 정부의 공공 데이터와 공공 소프트웨어와 공공 콘텐츠의 우선 공개
② 민간의 오픈소스를 촉발하기 위한 우수 오픈소스에 대한 보상제도
③ 대기업의 오픈소스를 유도하기 위한 CSR 평가 반영
④ 한국형 Github 등 민간의 오픈소스 커뮤니티 활성화
⑤ CC(Creative Commons)의 일반화와 2차 저작권 정책
⑥ 플랫폼 개방화와 개방 플랫폼의 글로벌화
⑦ O2O의 규제 혁신: 물질의 자기조직화

온디맨드 규제의 확산 | O2O 규제 개혁

오프라인의 자기조직화를 추구하는 O2O 플랫폼은 자원의 낭비를 줄이고 지속가능한 발전을 뒷받침한다. 그런데 온디맨드On-Demand 혹은 협력적 소비라는 물질의 공유는 기존의 오프라인 사업과 충돌을 야기하게 되고 많은 경우 콜버스와 같이 진입 규제로 인하여 활성화가 저지된다. 온라인의 정보로 오프라인의 현실을 최적화하는 O2O 규제 혁신이 시급한 이유다.

제품을 넘어 데이터와 서비스가 초융합하는 새로운 O2O 산업생태계의 한가운데에는 '클라우드Cloud'가 있다. 데이터의 저장과 활용의 인프라인 클라우드에 대한 인식 대전환이 필요하다.

미국과 독일 등은 4차 산업혁명을 제품과 서비스가 융합하고 온라인 현실과 오프라인 가상이 융합하는 개념이라고 받아들이고 있다. 예를 들어 삼성과 애플의 스마트시계 제품에서 발생한 생체데이터가 클라우드에 저장돼 빅데이터가 되고, 이 빅데이터를 인공지능이 분석해 개인에 최적화된 건강관리 서비스를 제공한다. 제품과 데이터와 서비스가 융합하는 신산업이 탄생한 것이다. 유니콘Unicorn의 대부분은 이러한 O2O 융합영역에서 나왔다. 그렇게 등장한 우버와 에어비앤비 등은 예외 없이 '클라우드 서비스'라는 인프라를 활용해 성장하고 있다.

실리콘밸리의 평균 창업비용 급감의 비밀은 클라우드·오픈소스·오픈플랫폼이라는 '3대 공유경제 인프라' 구축에 있었다는 점을 다시 한 번 상기해보자. 스타트업들은 더 이상 자체 서버와 소프트웨어를 구축할 필요가 없다. 전기와 같이 데이터와 소프트웨어를 필요에 따라 사용하게 돼 가벼운 창업이 가능해진 것 아닌가.

이에 따라 미국(2010)과 영국(2011)은 '클라우드 우선 정책'을 통해 민간과 공공을 막론하고 내부 서버에서 클라우드 활용으로 전환을 촉구하고 있다. 일례로 한국에서는 불법인 개인건강정보의 클라우드 보관이 미국에서는 의무화됐다. 4차 산업혁명의 경쟁력은 클라우드 없이는 사상누각이라는 것을 파악했기 때문이다. 개인 병원의 서버보다는 클라우드 서버의 보안성이 우월하다. 이것은 은행금고가 개인금고보다 안전한 것과 같은 이치다.

구글, 아마존, 애플, IBM 등 세계적 선도기업들은 매년 클라우드 부문에만 1조 원 넘게 투자하고 있다. 그리고 드랍박스, 에버노트, 링크드인, 스냅챗 등 수많은 창업 벤처들은 이들의 클라우드 서비스를 활용해 가벼운 창업을 하고 혁신을 통해 일자리를 만들어 낸다. 클라우드 인프라가 구축돼야 국가혁신이 촉진된다. 이는 만유인력과 같은 불변의 법칙이다.

지금 전 세계 인터넷 트래픽의 3분의 2는 클라우드의 활용이다. 그러나 한국의 클라우드 활용은 3%대에 머물고 있다. 전 세계 1위의 초고속 인터넷 망을 갖춘 국가가 정작 클라우드 서비스에서는 후진국 수준인 이유는 뭘까? 바로 규제 때문이다. 금융과 의료 분야의 클라우드 규제는 규제개혁회의에서 조금 숨통을 텄다고는 하나 아직도 가야 할 길은 멀고도 멀다.

규제 돌파를 위해 만든 클라우드 진흥법은 '명시적으로 클라우드를 제한하는 규정이 있는 경우를 제외하고는 클라우드를 이용할 경우 전산 설비를 구비하지 않아도 되도록' 네거티브 방식을 추구하고 있다. 그러나 공공기관의 클라우드 사용 규제는 여전하다. 이런 상황이 지속되면 4차 산업혁명에 있어서 낙오되고 만다. 클라우드 문제는 이제 공공이 앞장서야 할 때다. 클라우드와 더불어 개인 정보의 활용과 보호의 균형 정책과 공공 데이터 개방 정책이 공유경제로 가는 최대의 걸림돌이다.

O2O 규제는 1) 데이터의 발생, 2) 데이터의 저장과 분석, 3) 오프라인 서비스 융합의 각 단계마다 발생하고 있다. 보이는 것이 다가 아니라는 말은 온디맨드 경제 촉진을 위한 핵심 개념이다. 산업사회적 시각으로, 오프라인 중심의 규제와 지원 정책을 펼치고 있는 데 대한 일대 혁신이 필요하다. 이를 위한 개혁 과제는 다음과 같다.

① 개인 정보의 보호와 활용의 균형적 접근
② IoB, IoT 정보의 클라우드 활용의 규제 혁신
③ 클라우드 우선(Cloud First) 정책의 확립과 클라우드 사용 규제 철폐
④ 공공 데이터의 네거티브 분리 정책
⑤ 인공지능의 활용의 촉진
⑥ 시범 사업에 대한 규제 샌드박스 적용
⑦ 기득권에 의한 오프라인 진입 장벽의 철폐
⑧ 프로슈머의 확산: 관계의 자기조직화

관계 욕구는 매슬로우의 욕구 5단계의 중간 수준에 자리하고 있다. 인간은 관계의 가치를 끊임없이 추구하고 있다. 페이스북의 기업가치가 높게 평가되는 것도 이 때문이다.

직업에서 업으로 개념이 전환된다는 것이 긱 경제의 의미다. 소비와 생산의 관계가 융합된 프로슈머 혹은 크레슈머의 개념이 등장하는 이유이기도 하다. 정보의 공유라는 오픈소스에서 시작된 공유경제는 O2O 공유경제를 거쳐 궁극적으로 생산과 소비가 공유된 프로슈머의 경제로 진화한다. 예를 들어, 요즘의 냉장고와 세탁기와 같이 가정마다 3D프린터와 가상현실 기기라는 프로슈머의 인프라를 갖추게 된다면 어떻게 될까? 과거처럼 개별적인 소비 제품·서비스를 생산하고 소비하던 모습은 사라질 것이다. 대신 집단지능을 공유하면서 통합된다. 바로 메이커 운동과 소셜 DIY의 등장이다. 이를 위하여 우리는 다음과 같은 일이 필요하게 된다.

① 코딩과 메이커 교육의 본질적 초중고 교육
② 오픈소스 하드웨어와 3D 프린터와 가상현실(VR) 기기의 정책적 보급
③ 메이커 페스티벌과 경진대회
④ 가상현실 서비스의 사업화 촉진
⑤ 기업가정신 의무 교육 충실화
⑥ 대학 입학 기준의 문호 개방
⑦ Etsy.com과 같은 작품의 시장 인프라
⑧ 크라우드펀딩의 규제 혁신
⑨ 공유경제의 지속가능 규제 혁신

공유경제의 문제와 대안

공유경제는 거대 플랫폼 기업의 독점인가?

공유경제는 가치창출의 결과가 참여자들에게 선순환되어야 지속가능하다. 공유경제 플랫폼 사업자의 과도한 가치 독점은 슘페터가 예언한 바와 같이 이를 시기하는 사람들의 역습을 받게 된다. 여기에서 한 가지 더, 수익의 원천은 혁신에 기반을 두어야 한다는 원칙을 재천명하고자 한다. 공유경제에서는 혁신革新과 지대地代라는 두 가지 각도에서 수익을 나누고 혁신은 지원하되 지대에는 중과세를 해야 할 것이다.

원론으로 돌아가면, 모든 독점은 경계해야 한다. 그리고 독점을 견제하기 위한 멀티 플랫폼 경쟁 구도를 지원하는 것이 사회적 안정성을 위해 필요한 것이다. 지속가능한 공유경제를 위해서 다음과 같은 제언을 하고자 한다.

① 임계량을 넘은 공유경제 플랫폼의 지대 수익은 분리 과세
② 이를 위한 독점적 사업자의 재무 내역을 공개
③ 경쟁 구도 유지를 위한 멀티 호밍(multi-homing) 지원을 제도화
④ 플랫폼 사업자들의 CSR 기준을 정립하여 사회적 평판을 형성

공유플랫폼 경제는 세 가지 시나리오가 있다. 1) 거대 플랫폼 형성을 저지하는 것과 2) 거대 플랫폼을 방치하는 것, 3) 거대 플랫폼의 투명성과 사회적 선순환 구조를 정립하는 것이다. 이 중 1)의 대안은 국가의 추락이고, 2)의 대안은 국가 내 갈등이

기 때문에 3)의 대안이 대한민국의 유일한 선택 방안이다. 공유 플랫폼 경제의 문제의 일부분이 되지 말고, 문제를 해결하는데 동참하도록 하자.

신뢰 기반 공유경제는 가능한가?

공유경제의 안전망은 사회적 신뢰다. 공유경제는 작은 세상 Small world 에서 꽃피게 된다. 평판은 소중한 사회적 자산이며 개인정보이기도 하다. 세금 납부 실적과 기부 실적은 평판의 중요한 요소가 될 것이다. 사회적 가치인 명예와 경제적 가치인 돈의 선순환 구조가 공유경제의 지속가능성을 뒷받침하게 된다. 이를 위한 대안을 다음과 같이 제시한다.

① 개인의 공유경제 활동의 누적치를 공유, 평판의 자산화
② 개인의 세금과 기부의 누적치를 사회적 자산화
③ 경제적 자산과 사회적 자산의 교환 구조인 사회적 자산 은행 설립
④ 소셜 브랜드에 대한 공유를 국가의 인프라화
⑤ 기업의 CSR과 CSV를 사회에 공유
⑥ 사회적 신뢰의 손상 행위에 대한 징벌 강화

4차 산업혁명의 본류가 공유경제라는 모습으로 다가오고 있고, 사회 전체가 자기조직화 하는 초생명 구조를 가지게 될 것이다. 흔히 초연결 사회라고 말한다. 모든 것이 연결된 초연결 구조는 사회적 비용이 기하급수적으로 증가한다. 사회 전체가 무거워진다. 그래서 초연결은 초융합을 거쳐 스스로 자기조직화 과정으로 진화할 수밖에 없다.

항공망과 같이 다수의 허브가 있는 롱테일 구조는 생명의 모습이다. 단백질 구조가 그러하고, 도시 구조가 그러하다. 안정성^{Robust}과 효율성^{Efficiency}의 패러독스가 자기조직화로 극복되면서 생명이 탄생하는 것이다. 부분과 전체가 하나가 되는 홀론^{Holon} 현상과 창발성^{Emergence}이 생명의 양대 특성이다. 이러한 자기조직화되는 사회는 본질적으로 공유사회이면서 개인화된 사회이다. 패러독스가 공존하는 사회다. 오랜 기간 문화로 정착되는 사회적 자산인 신뢰가 데이터와 알고리즘 기반으로 형성 가능하다. 그리고 블록체인이란 원군이 있다. 블록체인으로 새롭게 진화하는 공유경제를 마지막으로 살펴보자.

Part 4

블록체인과 공유경제의 진화

공유경제는 블록체인을 통하여 새롭게 진화를 시작하고 있다. 플랫폼을 바탕으로 하는 공유 플랫폼 경제가 플랫폼이 없거나, 플랫폼을 민주화한 공유경제로 대장정을 시작하고 있으며, 그 견인차는 바로 신뢰의 기술인 블록체인$^{Block-Chain}$이다.

공유경제에는 풀어야 할 많은 문제들이 있다. 공유경제가 직면한 가장 큰 문제는 기회의 공유와 결과의 공유의 시각 차이와 공유 플랫폼 기업의 과도한 가치 집중에 있다. 이러한 양대 문제를 블록체인으로 해결하는 대안을 살펴보자.

우선 블록체인은 모든 블록이 과거의 기록을 모든 사람에게 공유됨으로서 분산된 신뢰를 구축하는 분산 원장의 기술로서 부분과 전체가 통합하여 신뢰를 제공하는 신뢰의 기술이다. 블록체인은 모든 거래를 공개하고, 참여자에게 확인을 받음으로써 신뢰를 획득한다. 즉, 공개될수록 안전한 것이다. 또한, 블록체인은 시간 순서대로 거래가 기록되어 블록체인을 조작하기 위해서는 이전 거래자와의 기록도 모두 변경해야 하므로 현실적으로 조작하는 것은 불가능하다. 블록체인은 신뢰의 기술이므로, 신뢰가 필요한 모든 삶의 영역에 활용될 수 있다. 다보스포럼에서는 블록체인을 미래를 이끌 21개의 기술로 선정하였으며, 2017년이면 전 세계 GDP의 10%가 블록체인 기술로 저장될 것이라 예측하기도 했다.

블록체인의 원리

자료: Tiffany Wan & Max Hoblitzell, "Bitcoin: Fact Fiction Future, Deloitte University Press" (2014.06.26.)

블록체인과 플랫폼의 민주화

　다음으로 공유 플랫폼 기업의 과도한 가치 집중 문제를 살펴보자.

　반복되는 요소를 공유하여 사회적 효율과 혁신을 촉발하는 공유경제는 4차 산업혁명의 미래 모습이다. 정보와 물질과 인간

관계의 공유를 통하여 저비용 고효율의 사회혁명이 일어나고 있다. 이러한 공유 경제의 인프라는 공유 요소를 연결하는 플랫폼이다. 공유경제는 본질적으로 공유 플랫폼 경제인 것이다.

공유 플랫폼 경제는 거대 플랫폼 기업과 다양한 롱테일Longtail 기업의 융합경제다. 보는 관점에 따라 공유 플랫폼 경제는 아마존, 우버, 에어비앤비와 같은 거대 독점 기업의 얼굴과 엄청난 스타트업 벤처의 롱테일의 얼굴이라는 야누스의 양면성을 가지고 있다. 그러나 이러한 양면성의 이해가 바로 공유 플랫폼 경제를 제대로 이해하는 첩경이라는 것이 중요하다. 초연결, 초융합의 4차 산업혁명을 결단코 작은 스타트업만으로도, 또는 거대 독점 기업만으로 구현하는 것은 불가능하다. 효율을 제공하는 거대 플랫폼 기업과 혁신을 제공하는 롱테일 기업의 융합만이 4차 산업혁명 생태계의 본질적 모습이다.

문제는 과거 독점 기업보다 더 큰 횡포를 거대 플랫폼 기업이 자행할 것이라는 우려다. 공유 플랫폼 경제에서 창출된 가치의 대부분을 결국 플랫폼 기업이 독식할 것이라는 공포다. 그렇기 때문에 우버와 같이 기존 택시 사업자들과 이해관계가 충돌하는 경우 많은 국가에서 사업을 제한한다는 것을 앞서 설명했다.

이러한 공유 플랫폼 경제의 미래 시나리오는 세 가지다. 첫째는 공유 플랫폼 경제를 거부하는 것인데, 그 결과는 4차 산업혁명의 낙오 국가가 된다. 둘째는 공유 플랫폼 경제를 방치하는 것인데, 그 결과는 양극화가 초래될 가능성이 있다. 결국 우리가 선택할 세 번째 시나리오는 공유 플랫폼 경제를 선도하되, 거대 플랫폼 기업의 독점에 대한 사회적 해결책을 마련하는 것이다. 이는 앞서 '공유경제의 문제와 대안'에서 방향을 정리했었다.

그렇다면 세 번째 시나리오의 거대 플랫폼 기업들에 대한 개방 투명성의 보장이 4차 산업혁명 시대의 가장 중대한 사회적 합의 사항이 된다. 신뢰의 중요성은 아무리 강조해도 지나치지 않을 것이다. 그러나 신뢰는 오랜 기간의 사회 활동의 누적된 문화 자산이라는 점에서 단기간에 이룩되기 어렵다는 것이 문제다. 인공지능으로 대표되는 4차 산업혁명의 기술들이 창출하는 부의 선순환 분배를 위한 신뢰의 기술이 요구되는 것이다.

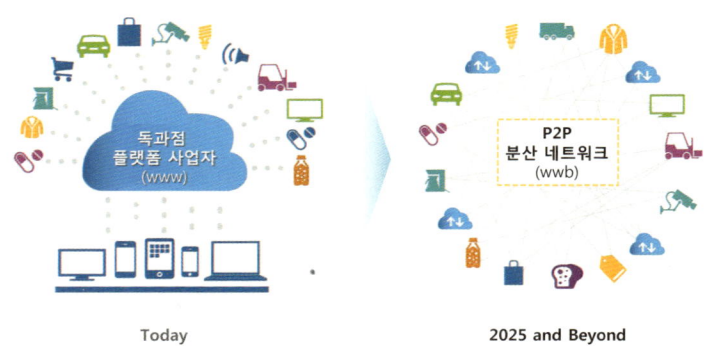

자료: IBM, "Device democracy, Saving the future of the Internet of Things" (2015.07.)

비트코인으로 대표되는 암호화폐의 기반 기술인 블록체인Block-Chain의 본질은 바로 '신뢰의 기술'이다. 공유 플랫폼 경제는 부의 분배를 담당할 핵심 기술인 블록체인의 등장으로 새로운 진화를 시작할 것이다. 블록체인은 분산된 신뢰다. 플랫폼의 거래 수단이 되고, 거버넌스(지배구조)가 된다. 블록체인으로 인하여 허브인 플랫폼이 없거나, 플랫폼의 거버넌스가 투명하고 개방된 민주화된 플랫폼 운영이 가능해 질 것이다. 이제 허브가 있는 인터넷인 WWW$^{World\ Wide\ Web}$의 시대가 가고 허브가 없는 진정한 분산 인터넷인 WWB$^{World\ Wide\ Block-Chain}$의 시대가 열리고 있다.

　블록체인 기반의 Lazooz 등은 우버와 달리 별도 운영 허브가 없이 블록체인 기반 공개 코드에 의해서만 운영되고 있다. 특정 플랫폼 사업자에 과도한 권력이 부여되지 않는 공유 플랫폼 경제가 다양한 기업들에 의하여 구현되고 있다. 그러나 과도한 기대는 금물이다. 모든 거래 정보를 모두가 공유하는 완전 분산 구조는 데이터 낭비가 워낙 크다. 공유 데이터가 많은 대부분의 플랫폼들은 지배 구조 데이터는 분산하되 운영 데이터는 집중화하는 이원 구조를 가지게 될 것이다. 결국 공유의 형태에 따라 다양한 스펙트럼의 분산-집중의 양면성을 갖는 공유 플랫폼들이 진화할 것이다. 블록체인이라는 신뢰의 기술을 통하여 공유 플랫폼 경제는 새롭게 진화할 것이다.

SHARING PLATFORM ECONOMY

공유경제 대담

이민화 KCERN 이사장 I 이병태 카이스트 교수
I 박창기 블록체인 OS 대표 I 정지훈 경희사이버대학 교수
I 이정훈 경기연구원 연구기획본부장

9월 30일 12시부터 2시간 동안 카이스트 도곡 캠퍼스에서 '공유경제'에 관한 5명의 전문가가 모여 자유로운 토론이 펼쳐졌다. 이민화 KCERN 이사장, 이병태 카이스트 교수, 박창기 블록체인 OS 대표, 정지훈 경희사이버대학 교수, 이정훈 경기연구원 연구기획본부장이 참석했다. 아래는 전문가들의 토론 내용을 요약한 것이다.

이민화 이사장 : 최근 빅포럼 공유경제 세션에서 발표해주신 이병태 교수님과 정지훈 교수님의 내용을 발전시켜보자는 취지에서 오늘의 자리를 마련하였습니다. 앞으로 대한민국이 공유경제로 나아가야 하는 것은 필수적인 과제인데, 거기에 따르는 공유경제 정의부터 시작해서 전략, 제도, 규제, 한국의 기업들에 관한 문제를 다양하게 얘기해봅시다. 이병태 교수님은 우버를 사례로 공유경제를 말씀해 주셨었고, 정지훈 교수님은 공유경제 정의, 숙제 등에 대해 얘기해 주셨었지요.

이병태 교수 : 우버가 공유경제의 대표적인 기업이고, 기업가치도 크고, 논란의 기업이기도 합니다. 뉴욕에는 옐로우캡이 많아서 우버가 더 이상 운영되지 못하도록 transportation commission을 부과하기 위해 교통의 영향을 평가할 수 있는 우버 등 모든 차량의 운행 자료를 공개하였는데, 연구 대상 자료로 활용했었습니다.

공유경제를 정의해보자면 저는 디지털 기술을 가진 업체들이 산업을 재편하는 혁신이 많이 이루어지고 있음에 주목하고 있습니다. 그 추세에 서비스 산업을 하는 디지털 플랫폼 회사들의 참여가 이루어지고 있습니다. 디지털 산업이 나머지의 다른 산업에 들어가서 서비스업 전반에 혁신이 일어나고 있는 트렌드이며, 여기에서 많은 스타트업이 생기고 있습니다. 그 중에서 핀테크도 큰 부분이지요. 대출, 투자, 송금도 이제는 중간 매개자 없이도 transferwise로 가능해졌고요. 고정자산, 금융자산 등이 공유되는 변혁이 이루어지고 있습니다. 이 모습이 바로 공유경제라고 할 수 있습니다. 우리나라에서는 활용 사례가 드물기는 하지만 자료가 공개된 미국 기업의 ERP 데이터를 분석해보니 해외에서는 해마다 우버 영수증과 에어비앤비 영수증이 증가하고 있었고, 고정자산은 하락하고, 원가구조, 마케팅 수단, 서비스 프로세스 등의 변화에 활용하고 있었습니다.

이민화 이사장 : 공유경제와 플랫폼은 지금 같은 맥락인거지요.

이병태 교수 : 우리나라는 택시와 경쟁하게 된다면 어떻게 될지에 대한 두려움과 걱정이 앞서는 것 같습니다. 우파라치에 의해 단속이 되면서 우버택시가 불법화 되고, 우버가 도입되면 택시 기사들 망한다는 우려의 목소리가 퍼지면서요. 그래서 다른 사회적 가치가 무엇이 있을까에 대한 많은 연구들을 살펴보았습니다.

샌프란시스코에서는 공항에 가는 택시 운전수에게 면허증을 발급받도록 하는 제도를 도입하려다 소비자들의 강한 반발로 무산되었습니다. 런던도 런던 시민들 중심의 온라인 탄원이 일주일 만에 백만 명을 모집할 수 있었던 것으로 보았을 때, 소비자의 주권과 선택이 있을 때 규제의 균형이 만들어지는 것 같습니다.

이민화 이사장 : 결국 생산자와 소비자의 균형 면에서 한국은 아직 생산자 중심 구조에 머물러 있는 상태네요. 한국 소비자의 유연 조직화를 통한 소비자 주권의 확립이 공유경제의 관건이네요.

이병태 교수 : 소비자 선택권의 관점에서 보면 개혁이 쉽지만, 우리나라는 아직 어려운 것 같습니다.

정지훈 교수 : 우리나라는 진입조차 어려운 것이 현실입니다. 진입을 하고 나서 소비자 파워를 만들 수 있는 시간조차 허락되지 않습니다.

이민화 이사장 : 오프라인 소유경제의 문제라 할 수 있는 공유지의 비극에 대해 협동조합 활동 등으로 신뢰를 확보하여 극복할 수 있는 대안을 제시한 노벨 수상자 오스트롬이 있는데요. 예를 들어 스페인의 성공적인 협동조합인 몬드라곤은 바스크족의 자기들만을 위해 만든 조직이다 보니 글로벌 차원으로 확산되기 어려웠습니다. 디지털의 세상에서는 무한대와 풍요의 세상이 됩니다. 콘텐츠가 공유되는 오픈소스 차원의 공유경제는 비중이 크지 않습니다. 대략 5% 정도지요. 그리고 협력적 소비라 불리는 온디맨드가 등장하면서 제품과 서비스를 공유하게 됩니다. 여기까지는 디지털 트랜스폼과 플랫폼이 중심이 됩니다. 이제는 블록체인이 등장하면서 De-centralized가 가능해집니다. 그리고 Analog transformation이 일어나면서 가상현실, 증강현실을 활용해 생활 전체가 바뀝니다. Digital transformation이 만든 3차 산업혁명의 성과를 가상세계에서 최적화해서 아날로그 트랜스폼으로 현실을 최적화 하는 것이 4차 산업혁명입니다. 공유경제의 다양한 형태를 정보, 물질, 인간이라는 경제 객체를 공급, 소비, 시장이라는 경제주체와 3X3의 결합으로 제시한 9가지 공유경제 모델을 KCERN이 제시한바 있지요. 여기에 공유는 효율과 혁신을 증가시키는 역할을 해야 합니다.

이병태 교수 : 트래픽 잼은 확실히 줄어듭니다. 택시의 경우 공차가 돌아

다니지만 우버는 요청이 있을 때 운행을 하기 때문에 트래픽 잼은 줄어듭니다.

정지훈 교수 : 접근성(access) 측면에서도 살펴볼 필요가 있는데요. 전체의 접근이 늘어나다 보니 전체의 효율성이 증가하였지요.

이민화 이사장 : 효율이 증가하고, 소비자의 후생이 좋아지고, 국가의 부가 증가한다는 것은 어느 누구도 이의가 없을 겁니다. 그런데 공유경제의 그림자 문제도 논의가 필요할 것 같은데 어떻게 보시는지요.

이병태 교수 : 특수고용이라 하지요. 힐러리 클린턴도 규제해야 한다고 공약으로 내세웠었는데, 미국의 일자리가 늘어난 데에는 특수고용이 늘어난 것을 알 수 있습니다. 다른 나라에서는 유연한 일자리, 자발적 프리랜서, 비자발적 프리랜서를 구분하고 있습니다. 일본도 비자발적 프리랜서만 규제 대상입니다. 그런데 우리는 비정규직의 범위를 확대해서 획일적으로 규제하고 있습니다. 또한, 우리는 특히 모든 복지를 고용과 연계된 고용주 위주의 관점이 지배적입니다. 유럽은 이러한 부분을 대부분 탈피했는데, 일자리 이동이 많아지면서 고용을 전제로 한 보상제도가 아니라 일자리랑 상관없는 사회적 안전망(safety net)을 만들고 있습니다.

이민화 이사장 : 우버의 기업가치가 너무 크지 않는가, 원가기준보다 낮게 판매하는 부당경쟁 아닌가 라는 논란도 있습니다만.

이병태 교수 : 약탈적 가격 경쟁 정책을 쓰느냐에 대한 논란에 대해 말씀 드리면, 중국에서는 우버가 디디추싱에 패배했었지요. 우버 페이먼트 시스템은 신용카드 결제 등록해서 쓰는 시스템인데 중국은 신용카드를 쓰

지 않고, 독점적 지위를 가지고 있는 알리페이에 많은 돈을 지불해야만 했습니다.

이민화 이사장 : 큰 나라일수록 핵심 공유경제 산업을 자국화하는 것이 글로벌 게임의 룰인 것 같습니다. 공유경제의 핵심은 신뢰(trust)이며, 이것이 알고리즘으로 대체되는 다이나믹 시스템인데요. 문제는 중국과 같은 저신뢰 국가에서 어떻게 공유경제가 확산되었는지는 살펴볼 필요가 있겠네요. 공간(이동), 정보(오픈소스), 사람(긱 이코노미)의 공유 시스템이 바로 미래 사회의 인프라인 것 같습니다.

정지훈 교수 : 공유경제의 정의를 해보자면, Digital Transformation인 것 같습니다. 결론적으로 효율성 증가에 있는 것입니다. 여기서 중요한 것은 발견비용(discovery cost)이 엄청 줄어들었고, 신뢰를 바탕으로 하다 보니 거래비용(transaction cost)이 최소화 되었습니다. 그리고 중요한 것이 네트워크 효과에 따른 번들링(bundling)현상이 발생하게 됩니다. 예전에 쓰이지 않던 가치(unused value)가 쓰이게 되는데요. 이것이 Digital Transportation의 핵심이라고 생각합니다. 이것이 처음에 미디어가 대상이 되어 지식경제 체계가 되면서 스마트폰이 도입되면서 사람이 연결되었습니다. 소셜 네트워크가 생겨나고, 노동의 수요와 공급이 디지털로 연결되면서 대상이 미디어를 넘어서고 직접 서비스가 가능해진 것입니다. 그리고 사물(물체)이 공유되는데, 특히 공유가치가 큰 것들이 가치를 만들어내면서 공간이 공유되는 에어비앤비, 우버 같은 기업들이 등장하게 된 것이지요. 서비스+공간+사물까지 연결되는 환경이 만들어지게 된 것입니다.

이병태 교수 : 우버도 택시(자동차) 공유 회사가 아니라 도심 물류 회사이기 때문에 기업가치가 큰 것이라고 봅니다. 우버의 가치가 올라갈 때마다 DHL이나 FEDEX의 기업가치는 하락하고 있습니다. 이러한 인프라 관점에서의 비즈니스 모델의 확장 가능성을 보아야 할 것입니다. 우리는 우버가 생기고, 이에 따라 금융의 새로운 형태인 Micro Insurance가 생겨나는 현상들을 볼 수 있습니다. 우버 기사들 간의 P2P Insurance라는 새로운 솔루션도 나오고 있습니다.

이민화 이사장 : 여기서 인터넷의 한계비용 제로의 초연결성으로 등장한 공유경제의 롱테일 법칙을 주목해야 합니다. 자원의 제약이 있는 오프라인 세상이 소유경제의 파레토 법칙을 따른다면, 자원 제약이 없는 온라인의 비트 세상은 거대 플랫폼이 초소규모의 자원도 활용 가능하게 하는 롱테일 법칙이 지배하게 되지요. 한편에서는 민주화이고 한편에서는 빅 플랫폼의 집중화가 일어나고 있지요.

정지훈 교수 : 지금 문제가 있는 부분은 소비자들에 대한 보호라는 측면 때문에 규정이 있었던 영역입니다. 택시, 부동산업 등과 같은 면허증이 있는 영역이 독점이 가능하다보니 이들이 뭉쳐서 사회적 저항이 일어나고 있습니다. 사회적으로 보자면 P2P 시스템이 이러한 제도들이 없어도 가능하다는 것을 증명하는 과정입니다. 본질적으로 라이선스가 정말로 필요하냐에 대한 문제입니다.

이민화 이사장 : 이 문제는 라이선스가 있는 조직화된 공급자와 수많은 비조직화된 소비자와의 파워게임에서 소수의 공급자가 우위에 있다는 거죠.

정지훈 교수 : 이에 대한 솔루션은 소비자가 늘어나서 이것이 사회적 가치

가 있다는 의견이 확대되는 것이 필요할 것 같습니다.

이병태 교수 : 정치적 시스템이 후진적이고, 규제 경직성이 높은 것이 문제입니다. 그렇다면 경제 분권화를 해보는 것이 어떨까요. 좋은 혁신은 전파와 확산이 잘됩니다. 작은 지역에서라도 규제 없이 해보는 경제 분권화가 시도되어야 할 것 같습니다.

이민화 이사장 : 그렇다면 지방정부에서부터 규제 프리존과 샌드 박스를 도입해봐야겠는데요. 일단 규제 샌드 박스 도입이 시급합니다. 그리고 초기 성과 중 바람직한 결과를 확산시키는 것이 필요할 것 같습니다. 여기에 중앙정부 차원이 아니라 지방 정부 차원의 규제 프리존도 중요한 역할을 할 것 같네요.

박창기 대표 : 저는 블록체인 사업을 하고 있고, 최근에는 가상통화공개(ICO)에 성공했었습니다. 그런데 ICO를 최근 정부가 금지했습니다. 저는 오랫동안 소수의 이권 집단이 다수를 착취한다는 맨슈어 올슨 이론을 바탕으로 연구해왔습니다. 스위스와 같은 광범위한 직접민주제는 어렵더라도 부분적으로라도 직접 민주제를 도입해야 한다고 주장하고자 합니다. 그리고 온라인 정치 플랫폼의 도입이 필요하다고 보고, 블록체인을 활용한 온라인 정치 플랫폼을 만들고 있습니다.

저는 공유경제라는 개념보다는 Digital Transformation으로 보는데요. 우버, 에어비앤비 등은 대부분 centralized application인데 이것이 블록체인에 의해서 궁극적으로는 De-centralized application이 될 것으로 보고 있습니다. 이것은 역사의 필연으로 봅니다. 우버가 현재 15%의 수수료를 받는다면, 블록체인을 활용하면 거래비용, 탐색비용이 줄어들어 수수료를 최소화할 수 있습니다.

또 하나의 문제는 모두에게 이익이 가는 것은 오히려 성공할 수 없기 때문에 중앙에서 잘하는 사람에게 인센티브를 주는 것이 필요하다고 봅니다. 은행, 공공의 장부가 프로토콜로 내려오고, 수많은 계약이 이더리움으로 내려오는 것이 블록체인으로 가는 획기적인 과정입니다. 장부와 계약, 개인정보 등을 프로토콜에 의해 누구나 공유할 수 있는 시대가 올 것이라고 보고 있습니다. 이것이 공유경제 미래 방향이라 봅니다. 저희가 3세대 블록체인을 개발 중인데 3세대 화폐를 만들어 기존의 단점을 극복하여 프로토콜에 의해 장부, 계약, 개인정보, 의료 정보 등을 공유할 수 있는 단계까지 개발할 계획입니다. 여기서 진보, 경제 활성화, 민주화가 일어날 것으로 기대합니다.

정지훈 교수 : 구조에 있어 표준화(consensus)가 중요할 것 같습니다.

박창기 대표 : HTML을 넘어서 XML을 자동화하려고 합니다.

이민화 이사장 : 궁극적으로 중간에 허브가 있는 거대 플랫폼 기반의 공유경제가 블록체인 알고리즘 기반의 공유경제로 변화하겠지요.

이정훈 본부장 : 직접민주주의로 가려면 중간 단계가 필요할 것 같습니다. 한국은 규제와 협력적 공유를 어렵게 하는 저신뢰 문화가 문제인 것 같습니다. 작은 혁신이 많이 일어날 수 있도록 작은 테스트베드를 만들어 보는 전략이 필요할 것 같습니다.

이민화 이사장 : 지자체에서 작은 성공 케이스를 만들어 나가는 것이 중요할 것 같습니다만 그런데 공유경제에 대한 서로 다른 용어 사용이 혼란을

부추기고 있지요. 예를 들어 서울시는 결과를 나누는 Shared economy(사회적 경제 공유경제)로 보고 있고, 경기도는 자원을 공유하는 Sharing economy(시장 공유경제)로 접근하고 있지요. 과정의 평등이냐 결과의 평등이냐는 오래된 논제였고 대체로 결론은 지어졌지요.

정지훈 교수 : 서울시는 사회적 경제 관점이 강한 반면, 경기도는 파생하는 생태계에 초점을 두고 있는 것 같습니다. 전 세계 어디를 봐도 공유경제는 지자체가 자발적으로 주고하고 있습니다. 정부가 바뀌는 것은 어렵지만 지자체의 자발적 움직임이 그보다는 가볍지요. 우리나라의 강점은 미디어의 확산 속도가 가장 빠르다는 데 있습니다. 바이럴의 효과가 크지요. 인공지능 영역도 출발은 늦었지만 확산 속도가 굉장히 빠른 속도로 증가하고 있습니다. 즉 공유경제도 성공 사례가 나오면 확산은 전 세계에서 가장 빠를 것이 기대됩니다.

이민화 이사장 : 공유경제 시대에 지자체의 거대한 성공이 나오려면 빅데이터가 있어야 합니다. 이것이 가장 큰 문제입니다. 빅데이터 공급을 해주는 것이 경기도의 역할이라고 봅니다.

이병태 교수 : 공공데이터 공개 시 반발이 굉장히 많은데요. 공무원들이 공공데이터 공개를 할 경우에 대한 인센티브가 없습니다. 이것은 법 개정으로 해결될 문제가 아닌 것 같습니다. 중간에 민간 기업을 만들고, 여기에 공공 데이터를 전해주어 시장에 판매하게 하면 어떨까요. 외국에서는 이렇게 문제를 해결하고 있습니다. 공무원들은 공공 데이터를 전해주되 민간 기업이 법, 제도 등의 이슈를 책임지는 것으로 하는 거지요. 공무원들은 책임의 부담에서 벗어나 공공데이터를 전달할 인센티브가 생기는 겁니다.

이민화 이사장 : 좋은 대안이네요. 결국 협력과 공유의 성공은 이해 당사자들의 동기부여가 전제되어야 하지요. 공공기관의 KPI는 이전처럼 공개 자체에만 두면 속도가 빨라지겠네요.

이정훈 본부장 : 새로운 개념을 만들어본다면 무엇이 좋을까요?

정지훈 교수 : 저는 항상 네 가지로 정리를 하거든요. 공유를 하게 되면 사람들이 참여하게 되고, 여기서 협력이 일어나 가치 증폭이 일어나고, 이 가운데 플랫폼이 만들어집니다. 이것을 Digital transformation으로 보고 있습니다. 시간과 공간, 인센티브가 있어야 하는데 이것이 이벤트성이 아니라 확산되려면 플랫폼과 플랫폼 사업자가 있어야 합니다.

이민화 이사장 : 한국은 오프라인을 중심으로 문제를 보고 있는데요. 디지털 세계는 공유의 세계이므로, 디지털 세계가 확산되면서 정보분만 아니라 사물, 공간이 공유되는 것으로 확산되고 있습니다.

정지훈 교수 : 기존의 논리대로 보면 새로운 것이 기존의 프레임을 파괴한다고 보게 됩니다. 이렇게 보는 관점 대신 협력적 가치가 증폭되고, 확산될 것이라는 생각이 확대되어야 할 것 같습니다.

이민화 이사장 : 디지털 경제에 대한 거부감이나 저항이 심한데요. 4차 산업혁명으로 가는 과정에서 Digital transformation과 Analog transformation 두 가지를 살펴보아야 한다고 봅니다. 현실→가상세계→현실의 일련의 과정에 제대로 된 정의가 없는데, 이를 정리 제시한 것이 KCERN의 AI+12Tech Model이지요. 4차 산업혁명은 디지털 트랜스폼을 넘어 인공지능 최적화를 다시 아날로그 트랜스폼하는 단계로 현실과 가

상이 인간을 위해 융합하는 것으로 정의하지요.

정지훈 교수 : 온라인의 확산 속도가 빠르고, 영향력이 크기 때문에 온라인에서 먼저 잉여이득을 가지고 오프라인으로 구축하는 방향이 훨씬 효과가 큽니다. 이것이 아마존 방식이지요.

이정훈 본부장 : 도시의 문제를 해결하기 위해서 물적 인프라, 비즈니스 소사이어티가 만들어진다면 창업비용을 줄일 수 있을 것입니다.

정지훈 교수 : 중요한 것은 디지털의 확산 속도가 빠르기 때문에 디지털의 특징을 확산시키고, 참여자를 증가시켜 오프라인에서 구축한다면 더 효과적일 것이라 봅니다.

이병태 교수 : 사이버 스페이스는 수확체증의 법칙이 적용됩니다. 도시도 살아있는 플랫폼이기 때문에 다양한 혁신이 일어날 수 있도록 해야 합니다. 정부의 Top-down방식 대신 자연스럽게 혁신과 융합이 일어나야 합니다.

정지훈 교수 : 배포비용(Deployment cost)이 최소화되어야 하는데요. 디지털의 네트워크 효과를 활용하여 많은 사람들이 알아서 할 수 있는 시점에 해야 배포비용을 줄일 수 있을 것입니다.

이민화 이사장 : 오늘 모이신 공유경제 전문가들의 의견이 한데 모아졌으면 좋겠습니다.